Google+

mucho más que una red social

cursogplus.com

. . .

Cuarta edición

16 de septiembre de 2013

A mi hermano+

Índice de contenidos

Qué es Google+

Internet vive una era social en la que los usuarios pueden compartir todo tipo de contenidos en tiempo real. Google había llegado a ese momento con una colección de servicios populares, pero funcionaban como piezas independientes ajenas al componente social.

Google+ fue presentado en junio de 2011 para dar solución completa a esa situación. No es un servicio más. Es un proyecto para transformar todo Google y convertirlo en un ecosistema unificado mediante funciones sociales.

La principal de esas funciones es que sus usuarios puedan compartir contenidos desde cualquier servicio del ecosistema (vídeos de YouTube, documentos de Google Drive, *posts* de Blogger, etc.).

El objetivo no es crear una red social, sino conseguir que todo Google sea social. El núcleo de Google+ está compuesto por una familia de servicios sociales básicos: Personas, Fotos, Comunidades, Eventos, Hangouts, Local, etc.

Aunque como descubrirás en el capítulo «Ecosistema Google+», la omnipresencia de Google+ va más allá de ese núcleo. Todo Google está vertebrado socialmente en Google +. Es su *social spine*[1].

Pero la meta de este proyecto es superior al componente social. Directivos de la empresa indicaron, tras presentar Google+, que había sido desarrollado principalmente como un servicio de identidad[2]. La intención es que los usuarios faciliten su identidad real, para que ésta pueda vincularse a presentes y futuros servicios de la compañía.

Como ya había demostrado Facebook, las funciones sociales permiten obtener información valiosa de los usuarios. Google+ ayuda a Google a lograr el mismo objetivo. Los perfiles de cada persona, sus contactos, los contenidos que publica, los que más le gustan y comparte, etc.

Con este tipo de información, las empresas consiguen datos sobre el comportamiento de los usuarios (*behavioral data*). Con esos datos pueden optimizar la efectividad de sus campañas y segmentar mejor sus audiencias (*behavioral targeting*).

Pese a que la presencia de Google+ se extiende progresivamente por los principales servicios de Google, hay un grupo de secciones que forman su núcleo.

---

[1] "Larry Page: Google+ is ´social spine´ with 170M users, ´healthy growth´ and ´impressive engagement´". Techcrunch. 12 de abril de 2012. http://tcrn.ch/17kx9IV

[2] "Google Plus and identity services". DGP4SL Blog. 27 de agosto de 2011. http://bit.ly/17kxhbk

Inicio

Es la sección en la que se muestran las novedades que han compartido contigo los contactos que tienes en tus círculos. También puedes utilizar esta sección para publicar tus propias novedades y elegir con quién deseas compartirlas.

Perfil

En esta sección puedes editar o consultar tu identidad como usuario de Google+ (dónde vives, qué has estudiado, cuál es tu perfil profesional, qué has publicado, etc.).

Obviamente tienes libertad para decidir qué datos deseas o no completar. Además, en algunos casos puedes elegir qué información deseas hacer totalmente pública y cuál quieres que sólo sea visible para tus círculos.

También puedes visitar el perfil de otros usuarios con presencia en Google+, introduciendo su identidad en el buscador superior. Sólo verás la información que hayan hecho pública o compartido contigo.

Páginas

Los perfiles son para usuarios particulares y las páginas son para empresas, organizaciones, instituciones, marcas, equipos o grupos de cualquier tipo.

Si deseas crear páginas necesitas tener antes un perfil. En el capítulo dedicado a ellas aprenderás a crearlas y conocerás sus condiciones especiales de uso.

Personas

Es la sección en la que puedes organizar tus contactos. Para ello tienes la posibilidad de crear los círculos que desees e incluir en ellos los contactos que consideres.

Cuando vas compartir un contenido en Google+, sólo necesitas indicar con qué círculo/s deseas hacerlo.

Fotos

Son uno de los contenidos más compartidos en Internet. Google+ le dedica una sección completa. En ella puedes crear álbumes a los que subir fotos y vídeos desde tu ordenador o dispositivo móvil. Después tienes la posibilidad de compartir esos álbumes con los círculos que desees.

Google+ Fotos sustituye a Picasa Web Albums. Si eras usuario de este servicio, el proceso de alta en Google+ te ofrece la opción de migrar tus álbumes a esta sección Fotos.

Temas interesantes

En esta sección puedes descubrir cuáles son las publicaciones y temas más populares en Google+ en un momento dado.

Si los contenidos de esta sección te resultan interesantes, también es posible combinarlos con el resto de novedades que se muestran en tu sección «Inicio».

Comunidades

En Google+ puedes crear comunidades temáticas y decidir si el acceso será público o privado. Obviamente también puedes buscar comunidades públicas creadas por otros usuarios para unirte a ellas o recibir invitaciones para participar en comunidades privadas.

Eventos

Gracias a esta sección puedes publicar fechas relevantes y compartirlas con quien desees. Incluso tienes la posibilidad de crear eventos públicos en los que todo el mundo puede ver los detalles, las fotos o vídeos asociados a su celebración y hasta la lista de invitados.

Además, los eventos que programas o aquellos cuyas invitaciones aceptas, se incluyen automáticamente en tu Google Calendar.

Hangouts

Google+ permite realizar videollamadas con hasta diez usuarios[3] que participen desde sus ordenadores o dispositivos móviles.

Esos participantes no sólo pueden hablar en tiempo real. También tienen la opción de compartir ventanas de su ordenador, editar documentos colaborativamente, ofrecer soporte técnico remotamente, etc.

Si lo desean, incluso pueden utilizar YouTube para retransmitir públicamente en directo su vídeo-conferencia o dejarla grabada para que otros usuarios puedan verla cuando deseen.

Local

Gracias a esta sección puedes obtener recomendaciones de lugares dependiendo de tu ubicación, de tus opiniones previas respecto a ese sitio o de las que hayan publicado tus círculos cuando han estado ahí.

Si el lugar es un negocio con presencia en Google+, puedes visitar su página y consultar datos como su teléfono, horarios de atención, menú en el caso de restaurantes, etc. También tienes la posibilidad de ver las

---

[3] El número de participantes puede ser de hasta quince en videollamadas lanzadas con cuentas Google Apps for Bussiness o Education. http://bit.ly/1aodcU3

opiniones y fotos del local que otros usuarios hayan aportado a la página y sumarte a esas aportaciones.

Notificaciones

No es una sección, pero sí es parte de las funciones principales de Google+. Es la forma de avisar al usuario de actividades en las que haya sido mencionado o implicado por otros usuarios.

Por ejemplo, Google+ te notificará si alguien te ha añadido a sus círculos, te ha etiquetado en una foto, te ha mencionado en una publicación, te ha invitado a un evento o hangout, etc.

Búsqueda

Tampoco es una sección, pero sí un elemento clave y omnipresente en Google+. Gracias a él puedes encontrar fácilmente perfiles, páginas y comunidades que te interesen, conocer qué se dice en tiempo real sobre un determinado tema o guardar búsquedas que haces habitualmente para acceder a sus resultados de una forma más rápida y cómoda.

Crecimiento

El crecimiento del número de usuarios de Google+ ha sido rápido desde su nacimiento. Dos semanas después de ser presentado el 28 de junio de 2011, alcanzó los 10 millones de usuarios[4] pese a estar limitado a aquellos que contaran con invitaciones.

---

[4] Información ofrecida por Larry Page durante la presentación de resultados financieros del segundo trimestre de 2001. http://bit.ly/MB9rOw

Según comScore, el primer mes ya había logrado 25 millones de visitantes únicos. A Facebook le había costado 3 años alcanzar esa cifra y a Twitter 2 años y medio[5].

En octubre de ese mismo año, Larry Page, director ejecutivo (CEO) de Google, anunció que habían llegado a 40 millones de usuarios[6]. También en octubre de 2011, Google + comenzó a estar disponible para cuentas Google Apps[7], principalmente utilizadas por empresas, organizaciones y centros educativos.

Desde enero de 2012, el alta en Google+ se incluyó en el proceso de creación de una cuenta Google[8]. Por tanto, todos los usuario que, por ejemplo, solicitan una cuenta en Gmail, pasan también a ser nuevos usuarios de Google+.

Muchas de esas nuevas cuentas van unidas a las ventas de dispositivos Android. Al activar teléfonos inteligentes o tabletas con este sistema operativo, uno de los primeros pasos es consultar al usuario si tiene una cuenta Google o desea crear una.

En junio de 2012 se superaron los 400 millones de activaciones de dispositivos Android[9], con un ritmo de un millón nuevo a diario. Además, este sistema operativo incluye de fábrica la aplicación Google+ (desde Android v.

---

[5] "Behind the numbers of Google+'s monumental rise to 25 million visitors". Search Engine Land. 3 de agosto de 2011. http://selnd.com/MBbvG5

[6] Información ofrecida por Larry Page durante la presentación de resultados financieros del tercer trimestre de 2001. http://bit.ly/o3t80t

[7] "Google+ is now available with Google Apps". Google - Official Enterprise Blog. 27 de octubre de 2011. http://bit.ly/OtJEuA

[8] "New Google users now forced to join Google+". ReadWrite. 20 de enero de 2012. http://rww.to/OtJbsv

[9] "Google: 400 million Android devices, one million activations a day". Engadget. 27 de junio de 2012. http://engt.co/MBh4nX

4.0 ICS) y su uso supera a la versión web[10]. Ese mismo mes de junio, la cifra de usuarios que ya habían actualizado sus perfiles a Google+ era de 250 millones[11].

Las últimas cifras publicadas en enero de 2013 por GlobalWebIndex, sitúan a Google+ como segunda plataforma social mundial con 343 millones de usuarios activos[12]. La cifra fue confirmada por Vic Gundotra[13], vicepresidente senior de Google.

---

[10] "Google+ has 250 million users, more mobile than desktop". Engadget. 27 de junio de 2012. http://engt.co/NQCAan

[11] "250 million people have upgraded to Google+". Google I/O Press 2012. http://bit.ly/MBq1O2

[12] "Social platforms GWI.8 Update". GlobalWebIndex. 22 de enero de 2013. http://bit.ly/X8C51c

[13] Información de GlobalWebIndex compartida por Vic Gundotra en su perfil de Google+. http://bit.ly/X8CtNc

Ecosistema Google+

Además del propósito principal de crear un servicio de identidad, Google también considera que su proyecto Google+ va más allá de los objetivos de una mera red social. La meta es convertirlo en un ingrediente omnipresente que sirva para unificar y potenciar la capa social de sus principales servicios.

Por eso Google+ no se está limitando a las secciones básicas de su núcleo, sino que progresivamente se está integrando en todo el ecosistema Google. Ahí reside buena parte de su potencial, dado que en ese ecosistema obtiene la fuerza de proyectos consolidados durante años con millones de usuarios.

Buscador

Google necesita que el principal de sus servicios, el buscador, evolucione y se adapte a los cambios que las redes sociales están provocando en Internet. Para ello, su motor de búsqueda no sólo debe entender los contenidos, sino también considerar los perfiles de los usuarios, sus círculos de influencia y su vinculación con temáticas de contenidos. Es ahí donde juega un papel crucial Google+.

Google Social Search

El objetivo es que la red social sirva al buscador para avanzar a una nueva era, la de las búsquedas sociales. El primer paso fue bautizado como Google Social Search[1]. Al hacer una búsqueda, además de los resultados habituales, Google comenzaba a mostrar también contenidos relacionados publicados por tus contactos.

Por ejemplo, al buscar «Bruselas», Google era capaz de encontrar *posts* en Blogger donde tus contactos hubiesen mencionado ese término, fotos de la ciudad que hubiesen hecho públicas en Picasa o vídeos sobre la capital europea que esos contactos hubieran compartido en YouTube.

Search, plus Your World

El último gran paso de Google hacia las búsquedas sociales fue presentado en enero de 2012. Supuso la integración progresiva y definitiva del buscador y los contenidos sociales de Google+[2].

Los tres principales engranajes de esa fusión son: los resultados personalizados, los perfiles en los resultados de búsqueda y el área dedicada a perfiles y páginas.

Resultados personalizados. Gracias a ellos puedes encontrar información que tú o tus contactos hayáis compartido en Google+ (ej.: publicaciones o fotos).

_____

[1] "Introducing Google Social Search". Google - Official Blog. 26 de octubre de 2009. http://bit.ly/NOzFPg

[2] "Search, plus Your World". Google - Official Blog. 10 de enero de 2012. http://bit.ly/NOpqui

Perfiles en los resultados de búsqueda. Te ofrece la posibilidad de encontrar instantáneamente a contactos con los que estás vinculado e incluso a usuarios relacionados con tu búsqueda que, aunque sean desconocidos, podría interesarte seguir en Google+.

Perfiles y páginas. Esta función muestra, en el lateral derecho del listado de resultados, los Perfiles y Páginas de Google+ que tengan relación con tu búsqueda.

El botón +1

En este libro encontrarás un capítulo completo dedicado a la importancia del botón +1. De momento, lo esencial es que sepas que ese botón asociado a Google+ sirve para que los usuarios voten y compartan los contenidos que más les gusten.

Y más importante aún, Google ha incluido ese botón junto a cada uno de los millones de resultados de su buscador. Por tanto, Google+ es omnipresente en el motor de búsqueda más utilizado de Internet.

Por qué el buscador es importante para Google+

En sólo un mes, diciembre de 2012, se realizaron 114.700 millones de búsquedas mundiales en el buscador de Google. En su inmediato competidor, Baidu, la cifra fue 100.000 millones de búsquedas inferior[3].

A estos resultados se suma la cuota de mercado que Google tiene en el mercado de los buscadores. Los datos hasta junio de 2013 eran los siguientes[4].

[3] "Google still world's most popular search engine by far, but share of unique searchers dips slightly". Search Engine Land. 11 de febrero de 2013. http://selnd.com/ZKYBL0

[4] StatCounter global stats. De junio de 2012 a junio de 2013. http://bit.ly/1e6l0w7

Búsquedas desde ordenadores.

- Mundial: 90 %.
- España: 95,75 %.

Búsquedas desde dispositivos móviles.

- Mundial: 93,8 %.
- España: 98 %.

Es importante recordar que la navegación desde ordenadores puede ser superada por la realizada desde dispositivos móviles en 2015[5]. Ese hecho hace que la cuota de mercado del buscador de Google, cercana al 100 % en ese ámbito, sea aún más relevante.

Es necesario añadir que, en abril de 2013, se anunció que hay más de 750 millones de dispositivos móviles con Android en todo el mundo. Se espera alcanzar la cifra de 1.000 millones a final de año[6].

En España fueron Android el 92 % de los teléfonos inteligentes vendidos de diciembre de 2012 a febrero de 2013[7]. Todos los dispositivos con este sistema operativo llevan de serie el buscador de Google.

La conclusión de todos estos datos es la confirmación de que Google domina las búsquedas mundiales en Internet.

Que Google+ tenga una creciente integración con el buscador, potencia que millones de usuarios tengan acceso diario a sus funciones sociales, información de páginas y perfiles, votos en botones +1, etc.

---

[5] "New study shows the mobile web will rule by 2015". Mashable. 13 de abril de 2010. http://on.mash.to/NQt7zA

[6] "Google's Schmidt sees one billion Android phones in use in nine months". Reuters. 16 de abril de 2013. http://reut.rs/12GeyXf

[7] "Android ya está en 9 de cada 10 nuevos smartphones". Kantar World Panel. 17 de abril de 2013. http://bit.ly/ZH0Ods

Las búsquedas sociales convierten a Google+ en una herramienta de especial utilidad para el posicionamiento y visibilidad de contenidos en Internet, frente a redes sociales como Facebook o Twitter que no juegan ese rol en el ámbito SEO-SEM.

Comunicaciones

Google+ ya ha sido integrado en las principales soluciones de comunicación de Google: Gmail, Chat, Google Voice... El servicio de correo electrónico contaba con 425 millones de usuarios en junio de 2012, con un ritmo de crecimiento de 15 millones de altas mensuales[8].

La integración de Google+ en Gmail se concentra en las siguiente funciones[9].

Aumentar tus círculos desde el correo

Al abrir un mensaje de correo de alguno de tus contactos en Google+, en el lateral derecho de la pantalla puedes ver las últimas publicaciones que haya compartido contigo.

Y si es usuario de Google+, pero aún no está en tus círculos, tienes la opción de añadirlo gracias a un botón que se muestra en ese mismo lateral.

Filtrar el correo por Círculos

Si has organizado correctamente tus contactos en círculos (ej.: Familia, Amigos, Trabajo, etc.) te resultará fácil encontrar los mensajes de correo electrónico que hayáis intercambiado.

---

[8] "Gmail now has 425 million active users". The Verge. 28 de junio de 2012. http://vrge.co/NoPixv

[9] "Gmail and Contacts get better with Google+". Official Gmail Blog. 8 de diciembre de 2011. http://bit.ly/LGWVv2

Por ejemplo, para ver el correo relacionado con contactos del trabajo sólo necesitas seleccionar, en el lateral izquierdo, el círculo en el que hayas incluido a tus compañeros de ese ámbito.

Información de tus contactos actualizada automáticamente

La información que tus contactos modifiquen o añadan a su perfil, te aparece automáticamente actualizada en la sección Contactos de tu Gmail.

Evitarás así perder tiempo renovando sus teléfonos, direcciones de correo, etc. Es recomendable que tengas tu propio perfil al día para que tus contactos disfruten igualmente esta funcionalidad.

Compartir imágenes en Google+ desde Gmail

Junto a cada imagen que recibas por correo electrónico, Gmail muestra un enlace «Compartir». Gracias a él puedes añadir la imagen automáticamente a la sección Fotos de tu Google+. Además tienes la posibilidad de difundirla, públicamente o entre tus contactos, sin necesidad de descargarla a tu ordenador o dispositivo móvil.

Google cuenta con una completa *suite* de servicios de comunicaciones compuesta por Gmail, Chat, Google Talk y Voice. Todos ellos disponibles en dispositivos móviles y progresivamente integrados con Google+ y su sección Hangouts.

Ofimática

Google Docs permite colaborativamente la creación, edición y almacenamiento de documentos ofimáticos en la nube. En 2012 este servicio fue integrado en otro más ambicioso llamado Google Drive. Siguiendo modelos como el de Dropbox, ofrece al usuario un espacio de almacenamiento de archivos en Internet que puede sincronizarse con ordenadores y dispositivos móviles.

Todos los usuarios con una cuenta Google tienen acceso básico a Google Drive. Además, este servicio también está presente en cuentas Google Apps, utilizadas principalmente por empresas, instituciones y centros educativos.

En junio de 2012, Google Apps ya era usado por 5 millones de negocios en todo el mundo y 66 de las 100 mejores universidades de EE.UU.[10]

¿Qué papel juega Google+ en relación con una de las soluciones ofimáticas *online* más populares del mercado? Actualmente la respuesta está en los Hangouts. Esta sección de Google+ permite lanzar vídeo-conferencias con hasta 15 participantes.

Dado que Google Docs ofrece edición colaborativa de documentos, la fusión de ambas soluciones da la posibilidad de editar esos documentos en equipo mientras sus miembros colaboran por vídeo-conferencia.

Google Drive, como servicio completo, también comienza a estar presente en Google+. Al crear una publicación nueva, es posible insertar fotos o vídeos que tengas almacenados en tu cuenta Drive.

Vídeo

YouTube es la mayor plataforma mundial de vídeo en Internet. Cada mes logra más de 1.000 millones de

---

[10] "Gmail now has 425 million users, Google Apps used by 5 million businesses and 66 of the top 100 universities". Techcrunch. 28 de junio de 2012. http://tcrn.ch/M5xCsT

visitantes únicos y sus contenidos crecen a un ritmo de 100 horas de nuevas grabaciones por minuto[11].

Dado que el vídeo es uno de los contenidos más compartidos en Internet, Google cuenta con una posición privilegiada al integrar YouTube con Google+.

Actualmente el mejor ejemplo de esa fusión es la posibilidad de lanzar un Hangout para que hasta 15 personas realicen una vídeo-conferencia, ésta pueda seguirse en directo en YouTube y además quede grabada para que otros usuarios puedan verla cuando lo deseen.

También se han dado pasos en integraciones más básicas como la opción de incluir vídeos de YouTube en las publicaciones, subirlos instantáneamente desde móviles a la sección Fotos, compartir en Google+ desde YouTube o incluso lanzar un Hangout para ver un vídeo junto a 14 de tus contactos.

Imágenes

Todos los nuevos usuarios de Google+ que tengan imágenes en Picasa Web Albums serán consultados por Google para transferir sus álbumes a la sección Fotos de Google+.

Las imágenes son el contenido más compartido en redes sociales y Google no ha necesitado empezar de cero, ya que su servicio de álbumes en la nube estaba disponible desde 2006. También su *software* relacionado, Picasa, ha comenzado la integración con Google+.

La aplicación móvil, disponible para millones de dispositivos Android e iOS, cuenta con una funcionalidad denominada «Subida instantánea» que permite a los usuarios subir automáticamente a Google+ las fotos y

---

[11] YouTube - Prensa (estadísticas). Junio de 2013. http://bit.ly/gzYBVx

vídeos que capturan con sus teléfonos inteligentes o tabletas.

No es una función secundaria, considerando que Google + tiene más usuarios móviles que en ordenadores[12].

Música

La tienda Google Music, lanzada en 2011, cuenta ya con más de 13 millones de canciones y acuerdos con las mayores discográficas del mundo.

En Google+ los usuarios pueden compartir su selección musical con sus Círculos, que tienen la posibilidad de escuchar gratis una vez cada canción compartida[13].

Navegador y tienda de aplicaciones web

Google Chrome superó en diciembre de 2011 a Mozilla Firefox como segundo navegador más utilizado en todo el mundo con una cuota de mercado cercana al 26%[14].

Unos meses después, en junio de 2012, se convirtió en el navegador web más utilizado del mundo y anunció oficialmente haber sobrepasado los 310 millones de usuarios[15].

---

[12] "Google+ has 250 million users, more mobile than desktop". Engadget. 27 de junio de 2012. http://engt.co/NQCAan

[13] "Google Music gets Google+ integration". The Verge. 16 de noviembre de 2011. http://vrge.co/NE2u40

[14] "StatCounter: Google Chrome now more popular worldwide than Firefox". The Next Web. 1 de diciembre de 2011. http://tnw.co/rYzntX

[15] "Google claims Chrome is world's most popular browser". Mashable. 28 de junio de 2012. http://on.mash.to/QXQy8q

Chrome Web Store, la tienda de aplicaciones web asociada al navegador, ya contaba con más de 6.000 aplicaciones y 30 millones de usuarios en septiembre de 2011[16].

Todas las aplicaciones están acompañadas de un botón +1 para que los usuarios puedan votarlas y compartir sus recomendaciones.

Sistema operativo

Google cuenta con su propio sistema operativo para dispositivos móviles: Android. Como ya has descubierto en este capítulo, en abril de 2013 se anunció oficialmente que las ventas de dispositivos Android habían superado los 750 millones de unidades[17].

Todos estos dispositivos incluyen de fábrica una serie de aplicaciones vinculadas a servicios de Google. Desde la versión 4.0 de Android (Ice Cream Sandwich), Google+ forma parte de esa familia de aplicaciones disponibles por defecto y al alcance de cientos de millones de usuarios.

Mercado de aplicaciones y juegos

Google Play, es actualmente un mercado con más de un millón de aplicaciones móviles para dispositivos Android[18].

Como en el caso de Chrome Web Store, todas esas aplicaciones están acompañadas de un botón +1 con el que

---

[16] "Chrome Web Store passes 30 million users, but how bright is the future?". Techcrunch. 9 de septiembre de 2011. http://tcrn.ch/pLPe8u

[17] "Google's Schmidt sees one billion Android phones in use in nine months". Reuters. 16 de abril de 2013. http://reut.rs/12GeyXf

[18] "Google Play hits 1 million apps". Mashable. 24 de julio de 2013. http://on.mash.to/1dGVKyH

los usuarios pueden votar y compartir sus favoritas en Google+.

Mapas y geolocalización

Google Maps y Google Earth han cambiado mundialmente la consulta de información geográfica *online*. Además, su uso desde millones de dispositivos móviles ha superado ya al acceso desde ordenadores[19].

La integración de esta información geográfica y su capa social ya es un hecho en la sección «Local» de Google+. Supone un importante movimiento de Google en el ámbito SoLoMo (Social+Local+Móvil), como descubrirás en el capítulo Local de este libro.

Comercio electrónico

Google Shopping es un buscador de productos en comercios electrónicos con millones de referencias registradas. Google Offers permite a los comerciantes promocionar ofertas locales especiales.

Su uso, especialmente vinculado a la geolocalización de los usuarios y sus dispositivos móviles, puede encontrar en Google+ la pieza que complete el círculo en torno a las compras sociales.

Sistema de pago

La fusión de Google Checkout y Google Wallet une la plataforma de pagos electrónicos de Google con su proyecto

---

[19] "Google Maps for mobile crosses 200 million installs; in June it will surpass desktop usage". Techcrunch. 25 de mayo de 2011. http://tcrn.ch/mlTy6G

para convertir los dispositivos móviles en monederos virtuales.

Ambos podrían servir para pagar por servicios y/o productos en Google+, como en Facebook ocurre con los Créditos.

Publicación de contenidos

Junto a WordPress, Blogger es una de las mayores plataformas para la creación y publicación de blogs. La integración con Google+ ya permite que los nuevos *posts* publicados puedan compartirse y/o comentarse en la plataforma social. Además, las búsquedas sociales potencian que tus contactos encuentren tus *posts*.

Idiomas

Google Translate es uno de los servicios de traducción más utilizado en la web. Traduce automáticamente cualquier publicación o comentario a más de 70 idiomas[20].

Existe una extensión para Chrome creada por Google que permite traducir los contenidos que leas en la sección Inicio de Google+[21].

---

[20] "Google Translate adds African languages". The Guardian. 29 de agosto de 2013. http://bit.ly/1e6vuLV

[21] Google Translate for Google+ (Chrome Web Store). http://bit.ly/oouuWY

Cómo empezar

Para utilizar Google+ es necesario tener una cuenta Google o Google Apps.

Con una cuenta Google nueva

Al crear una cuenta Google tendrás acceso a todos los servicios gratuitos ofrecidos por la compañía (ej.: Gmail, Google Drive, Google+, etc.).

Para ello necesitas ir a google.com/accounts, pulsar el botón «Crear cuenta» y rellenar el formulario que aparece en pantalla. Tu teléfono móvil y dirección de correo electrónico actual no son campos obligatorios.

Una vez completado el formulario de alta, Google te dará la posibilidad de poner una foto a tu perfil y en el siguiente paso ya habrás completado el proceso de alta.

En la barra negra de la zona superior de la pantalla (Google Bar), saldrá tu nombre de usuario precedido del signo «+». Si pulsas ese enlace accederás directamente a tu nueva cuenta en Google+.

Con una cuenta Google ya existente

Si ya tienes una cuenta Google (ej.: eres usuario de Gmail), dirígete a plus.google.com, pulsa el botón «Accede», introduce tus datos de acceso y completa el formulario para actualizar tu perfil.

Una vez actualizado, la siguiente página te pedirá permiso para enlazar Google+ con tu cuenta en Picasa Web Albums. Al aceptar, tus álbumes serán importados a la sección Fotos de Google+, manteniendo la configuración de visibilidad que éstos tuvieran.

Realizados los pasos anteriores, el primer acceso a Google+ ofrece un asistente en el que se sugieren contactos con los que comenzar a construir tus círculos.

Al completar el asistente de bienvenida llegarás a la página principal (Inicio) de tu cuenta Google+. Todo listo para comenzar.

Con una cuenta en Google Apps

Para que los usuarios de una cuenta Google Apps puedan utilizar Google+, el administrador debe haber habilitado previamente esta opción. Antes de hacerlo es necesario cumplir determinados requisitos.

La cuenta Google Apps debe ajustarse a los parámetros de nueva infraestructura definidos por Google[1].

Y, además de Google+, el administrador necesita activar igualmente los servicios «Álbumes web de Picasa» para permitir a los usuarios compartir fotos y «Google Talk» para las funciones de mensajería.

---

[1] Google - Guía de transición técnica a Google Apps. http://bit.ly/15sben9

Activación del servicio

Para activar el servicio Google+ en cuentas Google Apps, el administrador debe seguir los siguientes pasos.

1. Acceder al panel de control del dominio en Google Apps (bit.ly/Pj3LrT).

2. Pulsar el enlace «Más controles» en la zona inferior de la pantalla y elegir «Otros servicios de Google» entre las opciones que se muestran.

3. Seleccionar «Google+» en el listado de servicios y activarlo con la configuración deseada.

También puede activar Google+ sólo para determinados usuarios. Para ello, bajo el logo en la página de activación, debe seleccionar en el lateral izquierdo la unidad organizativa que incluye a esos usuarios concretos.

Si no tiene ninguna unidad, puede generarla pulsando el botón «Añadir suborganización» y creando o moviendo a ella los usuarios que se necesiten.

Una vez habilitado el servicio, los usuarios pueden acceder a sus cuentas y crear sus nuevos perfiles Google+ asociados a ellas, para lo que será requisito que utilicen nombre y apellidos reales.

Google+ no forma parte de las aplicaciones básicas incluidas en la familia Google Apps y cubiertas por su contrato. Se considera un elemento adicional.

Por ello, los usuarios de Google Apps también tendrán que aceptar individualmente las condiciones del servicio para crear sus cuentas particulares.

Quizá ya habías comenzado a utilizar Google+ con tu cuenta personal y prefieras migrar tu actividad a la de Google Apps una vez activado el servicio.

En ese caso, Google ofrece una herramienta de migración denominada Google Takeout (bit.ly/Pnt1hQ). Te evita volver a construir tus círculos y conecta los de las personas que te seguían a tu nuevo perfil.

Precauciones

El administrador es responsable único del cumplimiento de las leyes y normativas aplicables al suministro de Google+ en su empresa u organización.

Los usuarios pueden exportar o transferir sus datos de Google+. Incluso aunque el administrador haya desactivado el servicio a un usuario, éste puede utilizar Google Takeout para migrar su información de Google+ a otra cuenta.

Los usuarios pueden compartir información con otros usuarios, aunque éstos no pertenezcan a la misma empresa u organización.

Cuando van a publicar contenidos en Google+ tienen la exclusiva posibilidad de compartirlos solo con usuarios del mismo dominio, pero también tienen acceso a las opciones habituales.

Si eres administrador, puedes obtener más información sobre cómo activar Google+ para tu Google Apps en la sección de ayuda oficial (bit.ly/19bNII8).

Inicio

«Inicio» es la sección que se muestra por defecto cuando accedes a Google+. En ella, mediante publicaciones, puedes compartir contenidos y también disfrutar los que otros usuarios compartan contigo.

En en área central de la sección aparecen todas las publicaciones compartidas por tus círculos. Si sólo quieres ver las procedentes de un círculo concreto, puedes elegirlo en la navegación de la zona superior. Para ver únicamente tus publicaciones, accede a la sección «Perfil» y selecciona el apartado «Publicaciones».

Publicar novedades

El panel que te permite publicar novedades está disponible tanto en la sección «Inicio» como en «Perfil» (o «Páginas», según el caso). Además, también puedes encontrarlo en los principales servicios del ecosistema Google, pulsando el botón «Compartir» situado en el área superior derecha.

Añadir estilos al texto

Si deseas añadir estilos al texto de tu publicación puedes aplicar los siguientes métodos.

- Inserta palabras entre guiones bajos para mostrarlas en cursiva. Ej.: _texto en cursiva_ → *texto en cursiva*.
- Inserta palabras entre asteriscos para mostrarlas en negrita. Ej.: *texto en negrita* → **texto en negrita**.
- Inserta palabras entre guiones para mostrarlas tachadas. Ej.: -texto tachado- → ~~texto tachado~~.

Añadir elementos extra

Además de texto, gracias a los iconos de la zona inferior derecha del panel para publicaciones, también puedes compartir los siguientes elementos.

Fotos. Google+ te permite añadirlas desde tu ordenador, tu dispositivo móvil o cámara web.

Enlaces. Introduce la URL de un recurso de Internet (ej.: una página web) cuyos contenidos te hayan resultado interesantes y quieras compartir con otros usuarios.

Vídeos. Tienes la posibilidad de publicar vídeos de YouTube, grabados con tu dispositivo móvil o mediante cámara web.

Eventos. Con esta opción puedes publicar eventos directamente, sin necesidad de acceder a su sección específica.

También puedes incluir fotos, vídeos y enlaces arrastrándolos directamente desde su ubicación al panel para publicar novedades.

Mencionar a otros usuarios

Además de compartir textos y contenidos extra, tienes la posibilidad de mencionar a otros usuarios en tus publicaciones.

Para ello, en el cuadro de texto, debes incluir sus nombres como aparecen en su perfil precedidos por «+» o «@». Por ejemplo, «Comparto con vosotros esta foto de la conferencia de +Larry Page, director ejecutivo de Google».

El usuario mencionado recibe una notificación de Google+ y puede ver la publicación en la que ha sido citado.

Compartir tus novedades

Una vez introducidos los contenidos que deseas publicar, el paso clave es añadir los contactos o círculos con los que deseas compartir tus novedades.

Las opciones son las siguientes.

- Con contactos específicos, indicando su nombre en Google+.
- Con contactos específicos que no usan Google+, introduciendo su dirección de correo electrónico para que reciban en ella tu publicación.
- Con contactos de tu dominio en Google Apps (requiere cuenta en este servicio).
- Con círculos específicos, escribiendo sus nombres.
- Con todos tus círculos, seleccionando la opción «Tus círculos».
- Con tus círculos ampliados. La publicación será visible para tus círculos y los círculos de éstos a un grado de separación. Sólo los perfiles y no las páginas pueden compartir novedades con los círculos ampliados.
- Públicamente, eligiendo la opción «Público». Sobre la publicación aparecerá el identificativo «Pública» y será visible para todos los usuarios de Internet.

Cuando completas el panel y pulsas el botón «Compartir», la novedad aparece en tu sección «Inicio» y en la de los usuarios con los que hayas decidido compartirla. Además pueden hacer comentarios sobre la misma, escribiendo en la caja «Añade un comentario» situada en la zona inferior de cada novedad.

Si deseas inhabilitar esta opción, antes de compartir tu novedad pulsa en la flecha que aparece en el extremo derecho de la caja «Añade nombres, círculos o direcciones de correo electrónico». En el desplegable que se muestra, selecciona «Deshabilitar comentarios».

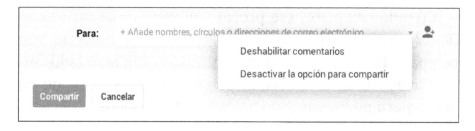

Si los comentarios están permitidos, el usuario que añada uno y posteriormente quiera modificarlo o eliminarlo, puede pulsar el enlace «Modificar» que acompaña a su comentario para acceder a ambas opciones.

Editar tus novedades

Puede que una vez publicada una novedad quieras modificar sus contenidos. Google+ permite esta posibilidad. En el cuadro de la novedad publicada, pulsa la flecha que aparece en su esquina superior derecha y elige «Editar publicación» en el desplegable.

Entre las opciones disponibles del mismo desplegable también está la de eliminar completamente la publicación.

Compartir novedades publicadas

Google+ ofrece la posibilidad de compartir con tus contactos las novedades que otros usuarios hayan compartido contigo.

Para ello es necesario pulsar el botón «Compartir» en la zona inferior del panel de la novedad. Al hacerlo puedes añadir un comentario y debes indicar con quién deseas compartir esa novedad.

Cuando completes ese proceso, el resto de usuarios que tienen acceso a la novedad original verán que la has compartido, pero no sabrán con quién. Por otro lado, tus contactos verán la novedad original y el nombre de su autor, pero no los comentarios y los +1 asociados.

Con quién se ha compartido una publicación

En la zona superior de cada novedad, Google+ muestra si se ha compartido públicamente, con círculos ampliados o con un grupo específico de contactos. En este último caso, la zona superior de la novedad muestra el enlace «Compartido de forma privada».

Al pulsarlo aparece un panel en el que se contabilizan los usuarios con los que se ha compartido la novedad y se presentan las fotos de perfil de hasta 21 de ellos. Cuando la novedad se comparte con círculos ampliados, su enlace «Compartida con los círculos ampliados» no identifica a todos los usuarios.

Bloquear una publicación

Si no deseas que los usuarios con los que has compartido una novedad puedan compartirla con otros, la solución es bloquearla. Antes de compartirla, pulsa en la flecha que aparece en el extremo derecho de la caja «Añade nombres, círculos o direcciones de correo electrónico».

En el desplegable que aparece, selecciona «Desactivar la opción de compartir». También puedes aplicar esta medida a novedades que ya has publicado. Pulsa en la flecha situada en la esquina superior derecha de la novedad y, en el desplegable que aparece, elige «Inhabilitar la opción para compartir».

Google+ con HootSuite

Las opciones básicas para publicar en Google+ implican tenerlo constantemente abierto en el navegador o estar utilizando alguno de los servicios web de Google que ofrecen un botón «Compartir» en la esquina superior derecha de la pantalla. Si haces uso profesional de Google+, ambas posibilidades pueden resultarte poco prácticas.

Además, si necesitas trabajar con varios medios sociales, esa forma de trabajo te obligaría igualmente a tener abiertos Facebook, LinkedIn, Twitter… La solución profesional es utilizar herramientas que te permiten gestionar tus comunicaciones en plataformas sociales desde un mismo panel de control.

HootSuite es una de esas herramientas. Incluso en su versión gratuita te permite añadir tus cuentas de Facebook, LinkedIn, Twitter o Google+ para tener un control unificado de tu actividad en todas ellas.

Añadir Google+ a HootSuite

Tras haber creado una cuenta gratuita en HootSuite, el primer paso es añadir Google+ a las opciones disponibles.

Para ello es necesario pulsar el enlace «Añadir una red social distinta».

Si ya tenías una cuenta en HootSuite, puedes llegar a la misma opción seleccionando el primer botón de la navegación lateral izquierda y pulsando a continuación «Añadir red social».

Se muestra entonces un panel emergente. Eligiendo primero «Google+» en su lateral izquierdo y pulsando después «Conectar con Google+» en su zona principal, se abre una ventana en la que mediante el botón «Permitir acceso» autorizas que HootSuite tenga acceso a tu página de Google+.

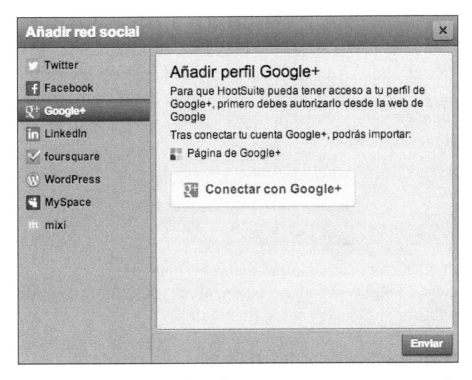

Completado ese paso, HootSuite muestra la/s página/s de Google+ asociada/s a la cuenta autorizada. Al seleccionar la que deseas gestionar desde HootSuite, aparece un signo de verificación junto a ella y sólo falta pulsar «Importación finalizada» para completar el proceso.

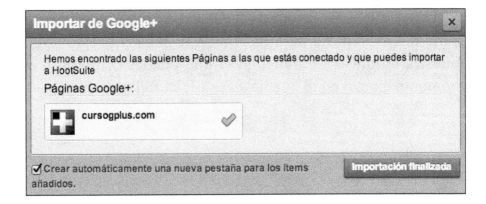

Publicar en Google+ con HootSuite

Una vez añadida tu página de Google+ a HootSuite, el logo de ésta aparece en un desplegable de la barra superior de la pantalla. Este desplegable sirve para indicarle a HootSuite en qué plataforma/s sociales queremos publicar el mensaje escrito en la caja anexa.

Al introducir un mensaje, seleccionar tu página en el desplegable y pulsar el botón «Enviar», habrás logrado publicar en Google+ desde HootSuite.

Programar publicaciones en Google+ con HootSuite

HootSuite permite programar qué día, a qué hora y en qué plataforma/s social/es deseas difundir tus mensajes. Para conseguirlo, introduce los contenidos en la caja «Escribir mensaje...» y selecciona tu página de Google+ en el desplegable anexo, como harías en una publicación normal.

A continuación, en vez de pulsar «Enviar», selecciona el icono del calendario bajo la caja de tu mensaje. HootSuite muestra entonces un panel en el que puedes configurar el momento exacto en el que deseas publicar el mensaje.

Cuando pulses el botón «Programar», este mensaje se añadirá a la columna «Mensajes programados». Puedes encontrarla seleccionando la pestaña que HootSuite ha creado con el nombre de tu página de Google+.

Gracias a la columna «Mensajes programados» puedes comprobar qué contenidos tienes pendientes de publicación, editar su programación o eliminarlos.

Perfil

Tu perfil en Google+ es la información básica que compartes sobre ti mismo. En él puedes indicar quién eres, a qué te dedicas, dónde vives, cuáles son las direcciones web de tus proyectos o tus cuentas en otras redes sociales, datos de contacto, etc.

En todo momento puedes decidir qué información añadir a tu perfil o cuál no hacer pública. El único dato que Google+ te obliga a mostrar públicamente es tu nombre completo.

Editar tu perfil

Para editar sus datos necesitas acceder a la sección «Perfil», seleccionar el apartado «Sobre mí» y pulsar el enlace «Modificar» en la esquina inferior izquierda del bloque cuya información deseas editar.

Una de las funciones esenciales de tu perfil es facilitar que otras personas te encuentren en Google+. Puedes favorecer esta función con los siguientes puntos.

Perfil indexable. Accede a la configuración de Google+ (google.com/settings/plus) y en el bloque de opciones «Perfil», activa la casilla «Permitir que otras personas encuentren mi perfil en los resultados de búsqueda».

Foto. En la zona superior de la sección «Perfil», junto a tu nombre de usuario, hay un área circular dedicada a mostrar la imagen que te identifica. Puedes añadirla o modificarla pulsando en ese área y facilitar así que otros usuarios te reconozcan.

Si lo deseas, además de tu imagen de perfil, Google+ te permite definir una de mayor tamaño (hasta 2.120 x 1.192 píxeles). Su función es más decorativa que práctica, pero puede ayudarte a completar tu identidad visual. Para añadir o editar esta imagen, pulsa el botón «Cambiar portada» en el área superior de tu perfil.

Enlaces. En este bloque del apartado «Sobre mí» puedes incluir enlaces a tu sitio web o a tus cuentas en otros servicios como LinkedIn o Twitter.

Profesión. También en el apartado «Sobre mí», el bloque «Trabajo» te permite indicar tu profesión. Rellenando este dato facilitas que otros usuarios que busquen profesionales en tu actividad puedan encontrarte.

Los apartados de tu perfil

En la sección «Perfil», los apartados «Sobre mí» y «Publicaciones» siempre son visibles. Pero puedes decidir si mostrar u ocultar los restantes (Fotos, Vídeos/YouTube, +1s y Reseñas) en el bloque «Perfil» de la configuración de Google+ (google.com/settings/plus).

En cualquier caso, ten en cuenta que hacer visible públicamente un apartado no implica que todos sus contenidos lo sean. Por ejemplo, puedes mostrar el apartado «Fotos», pero Google+ respeta la configuración de visibilidad que hayas aplicado a cada álbum.

Contactos que se muestran en tu perfil

Por defecto, los contactos incluidos en tus círculos aparecen públicamente en el panel «Personas» de tu perfil. Pero esta opción es configurable y puedes decidir qué contactos quieres mostrar y quién puede verlos.

Para ello, sigue los siguientes pasos.

1. Accede a la sección «Perfil» y selecciona la pestaña «Sobre mí».
2. En la esquina inferior izquierda del bloque «Personas», pulsa el enlace «Modificar» .
3. Si no deseas mostrar en tu perfil las personas que hay en tus círculos, desactiva la casilla «Mostrar personas en». Si únicamente quieres que aparezcan las incluidas en círculos específicos, seleccionalos en el desplegable que acompaña a la casilla «Mostrar personas en», dejando ésta activada.
4. A continuación, indica quién podrá ver esa información: cualquier usuario de la web o sólo los contactos de tus círculos.

La última opción del panel te permite mostrar u ocultar qué usuarios te tienen en sus círculos y, por tanto, son seguidores de tu actividad en Google+.

Cómo ven tu perfil

Una vez configurados los datos y visibilidad de tu perfil, puedes comprobar cómo es visto por otros usuarios. Así confirmarás que únicamente la información seleccionada es mostrada a tus círculos o públicamente.

Para visitar tu perfil desde la perspectiva de otro usuario, pulsa el desplegable precedido por el texto «Ver perfil como» en la zona superior de la pantalla. A continuación, selecciona «Público» (cómo es visto por cualquier usuario de la web) o introduce el nombre de un círculo o usuario concreto.

Insignias de verificación de perfiles

Las insignias de verificación sirven para confirmar la autenticidad de un perfil o una página. Se representan con un signo de verificación junto al nombre del perfil. Si las ves en un lugar diferente es que no son reales y puedes informar a Google de su uso inadecuado.

Al visitar el perfil o página de un particular, organización o negocio muy conocido, Google+ te garantiza con la insignia de verificación que se trata de un perfil auténtico porque su identidad ha sido verificada.

No es posible solicitar insignias de verificación. Es Google quien decide si un perfil o página puede necesitar una y contacta con su propietario para verificar su identidad.

Lo que sí es posible es denunciar que otro perfil o página haya suplantado tu identidad. Para ello accede a ese perfil o página y pulsa la flecha desplegable que acompaña su nombre. En el desplegable, elige «Denunciar/bloquear a *usuario*» y selecciona «Este perfil está suplantando la identidad de alguien».

Informar sobre o bloquear a Che

☐ **Bloquear a Che**
   Ya no verás contenido de Che en tus novedades.
   No podrá comentar tu contenido.
   Se eliminará de tus círculos.
   Todavía podrá ver tu contenido y publicaciones públicas en las comunidades
   que administre. Más información

También puedes informar acerca de este perfil.

◉ Este perfil está suplantando la identidad de alguien.

   ¿De quién?   yo

◯ Este perfil n   alguien que conozco

◯ Este perfil ir   un famoso, una figura pública o un personaje ficticio

◯ No quiero informar acerca de este perfil.

                              Cancelar   Listo

Páginas

Si la utilización que vas a hacer de Google+ es como usuario particular, necesitas generar y configurar un perfil. Pero si tu objetivo es tener presencia profesional, lo adecuado es crear una página. Google+ contempla su uso para los siguientes casos.

- Negocios locales.
- Productos o marcas.
- Empresas, instituciones u organizaciones.
- Artes, entretenimiento o deportes.
- Otras identidades profesionales.

Además de lo que aprendas en este capítulo, Google+ ofrece una guía gratuita para negocios que desean sacar el máximo partido a sus páginas[1].

---

[1] "Make your business social, across the web". Google+ Business. http://bit.ly/rRO8VA

Diferencias entre páginas y perfiles

Los perfiles y las páginas de Google+ tienen características muy similares. Pese a ello, hay algunas diferencias que debes considerar.

- Una página admite hasta 50 administradores.
- Una página sólo puede añadir usuarios a sus círculos si éstos previamente han incluido a esa Página en los suyos.
- Una página no puede compartir contenidos con círculos ampliados.
- Una página puede crearse para diferentes entidades, pero un perfil sólo es válido para una persona.
- En una página, la privacidad predeterminada para los contenidos publicados y los elementos del perfil es pública.
- Una página incluye el botón +1 para ser votada, pero no puede votar a otras páginas o contenidos.
- Una página de negocio local incluye campos para especificar la ubicación geográfica de la empresa.

Crear páginas

Para crear una página en Google+ es necesario contar previamente con un perfil de usuario. Cumplido ese requisito, el primer paso es acceder a la sección «Páginas» y pulsar el botón «Crear una página» en su zona superior.

Al hacerlo, Google+ inicia un asistente que te ayuda a generar tu página en pocos pasos.

Elige una categoría

Te permite seleccionar si tu página corresponderá a un negocio local, a un producto o marca, a una empresa, institución u organización, a artes, entretenimiento o deportes o a otro tipo de identidad profesional.

Añade tus datos

Su formulario está orientado a que aportes información esencial: título de la página, sitio web de tu negocio u organización, sector profesional al que pertenece y posibles limitaciones de visibilidad según la edad de los usuarios que visiten tu página (ej.: si vas a promocionar una marca de bebidas alcohólicas).

En el caso de la categoría «Negocio local», el formulario de este paso tiene ciertas peculiaridades, dado que la página generada también incluirá datos para Google+ Local.

Conceptos básicos sobre los perfiles

Define un eslogan que describa en una frase la página. Intenta ser conciso, muy claro y correcto tanto en forma (ortografía y gramática) como en contenido (lenguaje educado y apropiado).

Por ejemplo, el eslogan de la página de Wikipedia es "The free encyclopedia that anyone can edit"[2].

En este paso también puedes añadir una imagen para identificar tu página. Lo más adecuado es que utilices el logotipo del negocio u organización que representará.

Al completar ese punto, no sólo consigues potenciar tu imagen corporativa, también que los usuarios te identifiquen y encuentren con facilidad.

Corre la voz

Casi has finalizado el proceso de creación de tu página. En este punto, Google+ te ofrece la posibilidad de comenzar a promocionarla. Pero recuerda que, siendo una página, no puedes añadir a otros usuarios a tus círculos sin que ellos te hayan incluido antes en los suyos.

Por tanto, no puedes contactar con nadie directamente para anunciarle la puesta en marcha de tu página. El objetivo es evitar estrategias de *spam*.

Por ello, lo que Google+ te propone es utilizar el perfil con el que has creado la página. Dado que corresponde a un usuario particular, sí te permite utilizarlo para anunciar a tus círculos que acabas de lanzar una nueva página.

No es una acción de *marketing* avanzada, pero puede ayudarte a lograr una difusión inicial sencilla y rápida. En este mismo capítulo descubrirás otros métodos para promocionar tu página en Google+.

---

[2] Página de Wikipedia en Google+. http://bit.ly/15zNgPY

Promocionar tu página

La recomendación más esencial es que tu página cuente con un perfil completo y actualizado. Gracias a ello será más fácil de encontrar y ofrecerá datos relevantes a quienes estén interesados en ella.

Otro punto básico que debes cuidar es realizar publicaciones frecuentes con información útil y de calidad sobre tu actividad.

De este modo, logras reputación en temáticas de tu ámbito, atraes a usuarios relacionados que pueden hacerse seguidores de tu página y consigues que compartan tus contenidos con otros usuarios.

Además de estas sugerencias básicas, Google+ te permite desarrollar estrategias de promoción más avanzadas.

Enlazar tu página y tu sitio web

Si vinculas tu sitio web y tu página, Google+ muestra un icono de verificación junto al nombre de ésta. La utilidad de esta acción para la promoción es la siguiente.

- Tu página ofrece información a Google sobre la relevancia de tu sitio web respecto a determinados términos de búsqueda.
- Tu página logra estar disponible en la función «Conexión directa» de Google+.

El primer paso para conseguir esta vinculación es que en tu página de Google+ incluyas un enlace a tu sitio web. Puedes hacerlo accediendo a la sección «Perfil» de tu página, seleccionando después el apartado «Información» y pulsando finalmente el enlace «Modificar» del panel «Enlaces». Edita el campo «Sitio web» e introduce en él la

URL de tu sitio. Así logras que tu página en Google+ enlace con tu web.

Enlaces

Sitio web
cursogplus.com ✓

Enlaces

¿Qué páginas te interesan?

Modificar

El siguiente paso es que tu sitio web también esté vinculado con tu página en Google+. Para ello necesitas editar el código de la página principal de tu sitio (ej.: index.html), incluyendo la siguiente línea en su cabecera (<head>).

<link href="https://plus.google.com/*ID*" rel="publisher">

El elemento marcado como *ID* debe ser sustituido por el código de identificación de tu página. Puedes conocerlo accediendo a su sección «Inicio» y copiando el número largo que aparece en la URL.

Enlazar tu página con tu campaña de AdWords

Una vez creada tu página, también tienes la posibilidad de enlazarla con campañas de Adwords para apoyar o potenciar la promoción. Al enlazar ambos, los votos +1 que reciben tus anuncios y tu página convergen y se suman juntos.

Para conseguirlo debes habilitar las extensiones sociales en Google AdWords. Puedes encontrarlas en el apartado de extensiones de anuncio. En ese punto, el paso clave es introducir la URL de tu página en el campo «Página de Google+».

Google+ Badges

El punto de partida más probable es que el sitio web de tu negocio u organización ya sea conocido por tus usuarios, pero tu nueva página en Google+ sea totalmente desconocida para ellos.

Una de las mejores soluciones para este problema es utilizar *badges*. Son unos cuadros configurables que puedes insertar en el diseño de tu sitio web e informan al usuario sobre tu página en Google+.

No sólo tienen la opción de visitarla, sino también de hacerse seguidores de ella. Si completan ese proceso, Google+ te permitirá añadirlos igualmente a los círculos de tu página.

Gracias a la herramienta de configuración de *badges* (bit.ly/OYKsoG), tienes la posibilidad de personalizar el formato del cuadro que desees insertar en tu sitio web.

Cuando hayas finalizado de definir sus parámetros, necesitas copiar el código que Google te ofrece en el área derecha de la pantalla y añadirlo al de las páginas de tu web.

Administrar tu página

Cuando entras en la sección «Páginas», además del botón para crear nuevas, Google+ te presenta las que ya has generado con tu perfil acompañadas del botón «Administrar esta página».

Propietarios y administradores

A la hora de gestionar páginas, Google+ distingue dos tipos de roles: propietarios y administradores. Una página puede tener hasta 50 administradores con idénticos derechos, pero un único propietario.

No tiene por qué ser siempre el mismo, ya que la propiedad puede transferirse como descubrirás en el próximo bloque.

El propietario de una página puede disfrutar las siguientes competencias sobre ella.

- Eliminar la página.
- Transferir la propiedad de la página.
- Ver y modificar la configuración de la página.
- Realizar acciones en nombre de la página (ej.: modificar el perfil de la página, publicar contenidos, editar sus círculos, etc.).
- Invitar o eliminar administradores.

• Ver la lista de administradores.

Los administradores tienen acceso a las mismas competencias, salvo dos de ellas: eliminar la página y transferir su propiedad.

Añadir administradores a tu página te permite mantenerla colaborativamente, sin comprometer tu propiedad ni tus datos clave como propietario.

Para invitar a administradores necesitas seguir los siguientes pasos.

1. Accede a la sección «Páginas» y pulsa el botón «Administrar esta página» que acompaña a la página a la que deseas añadir administradores.

2. Selecciona el apartado «Administradores» y pulsa el botón «Añadir administradores».

3. En el panel «Invitar a administradores nuevos», introduce el nombre o dirección de e-mail del usuario al que deseas incluir como administrador y pulsa el botón «Invitar».

4. En la zona superior de la pantalla en la que te encuentras irán apareciendo los administradores que acepten tus invitaciones y podrás revocarles ese rol cuando desees.

Ni tu identidad como propietario ni la de tus administradores será en ningún momento revelada a los usuarios que visiten tu página o pertenezcan a sus círculos.

Transferir la propiedad

Recuerda que es una competencia exclusiva del propietario de la página. El usuario al que desees transferir la propiedad de tu página debe ser antes administrador de la misma desde hace, al menos, dos semanas.

Cumplido ese requisito, accede a la pantalla de gestión de administradores como has aprendido a hacer en el anterior apartado «Propietarios y administradores».

En la zona inferior de esa pantalla, pulsa el botón «Transferir» y elige al administrador al que deseas ceder la propiedad de tu página. Completada la transferencia, tu rol pasará a ser el de administrador.

Conexión directa

Conexión directa es un método para acceder directamente a cualquier página de Google+. Para ello, en el buscador superior, debes escribir el nombre de la página precedido del signo «+».

Por ejemplo, si deseas visitar la página de UNICEF sólo tendrás que escribir «+UNICEF» en el buscador. Incluso se mostrará la opción de autocompletar si hay varios resultados coincidentes.

Accediendo a la configuración de Google+ (google.com/settings/plus) y activando la casilla «Añadir automáticamente una página de Google+ a mis círculos si busco '+' seguido del nombre de la página», puedes hacer que las páginas buscadas con este método se incluyan directamente en tu círculo «Soy seguidor/a».

Google Authorship

Google Authorship te permite conectar tu perfil de Google+ con los contenidos que publicas en Internet. Así, a medida que generas contenidos sobre temáticas en las que eres experto, Google no sólo te reconoce como autor sino como una autoridad en esos temas.

Esa es la base de Author Rank, un sistema integrado en Google Authorship que clasifica a los autores según su relevancia respecto a un tema. Cuando otros usuarios votan (+1) o comparten tus contenidos y publicaciones en Google+, aumentan tu Author Rank. Gracias a ello logras mayor visibilidad en los resultados de búsqueda de Google.

Además, desde que comienzas a usar Google Authorship, cuando tus contenidos aparecen en estos resultados lo hacen acompañados de la imagen de tu perfil en Google+.

También se muestra tu popularidad como autor en esta plataforma social, medida por el número de seguidores que te han añadido a sus círculos. Y los usuarios tienen además la opción de acceder a otros contenidos de los que seas autor.

Twitter Guide Book - **Mashable**

 mashable.com/guidebook/twitter/ ▾ Traducir esta página
de Pete Cashmore - en 1.659.119 círculos de Google+
"Twitter is a social network used by millions of people, and thousands more are signing up every day to send short messages to groups of friends. But where's ...

Este formato de resultados es conocido como *Rich snippets*[1] y puede mostrar otras informaciones sobre el resultado que hayan sido incluidas mediante microdatos, microformatos, etc.

Utilizar Google Authorship también te permite obtener datos estadísticos de las páginas de las que eres autor. Para consultarlos es necesario acceder a Google Webmaster Tools y, dentro de la sección «Labs», seleccionar «Author stats».

Por qué es importante Google Authorship

Porque te ayuda a construir una reputación como autor respecto a temáticas en las que eres experto. Y con ello consigues además mejorar la visibilidad de tus contenidos. Resultan mejor posicionados y destacados en los resultados de búsqueda de Google.

---

[1] "About rich snippets and structured data". Google Webmaster Tools. http://bit.ly/174N534

Esto te permite llegar a millones de personas. Recuerda que, según StatCounter, las cuotas de mercado del buscador de Google hasta junio de 2013 eran las siguientes[2].

Búsquedas desde ordenadores.

- Mundial: 90 %.
- España: 95,75 %.

Búsquedas desde dispositivos móviles.

- Mundial: 93,8 %.
- España: 98 %.

Cómo usar Google Authorship

Puedes asociar tu perfil de Google+ a tus contenidos usando uno de los siguientes métodos.

Método 1 - Enlazar perfil y contenidos directamente

En tu perfil. Accede a la sección «Perfil» y selecciona el apartado «Sobre mí». En el panel «Enlaces», haz clic en el enlace «Modificar» situado en la zona inferior. En el área identificada como «Contribuye en», añade un enlace personalizado que corresponda al sitio web donde están tus contenidos. Simplemente necesitas introducir el nombre del sitio, su dirección web e indicar si en él publicas actualmente contenidos o lo hiciste en el pasado.

En tus contenidos. Acompaña cada contenido que publiques de un enlace a tu perfil en Google+.

---

[2] StatCounter global stats. De junio de 2012 a junio de 2013. http://bit.ly/1e6l0w7

El formato HTML del enlace debe ser el siguiente.

<a href="*ID*?rel=author">Google</a>

El elemento *ID* debe ser sustituido por la dirección web de tu perfil en Google+ (ej.: https://plus.google.com/u/1/*114259175430215258305*).

Método 2 - Enlazar perfil y contenidos mediante una dirección de e-mail verificada

Para utilizar este método es necesario que tengas una dirección de e-mail en el mismo dominio en el que publicas tus contenidos. Por ejemplo, te servirá un dirección tipo minombre@misitioweb.com si el sitio donde publicas es misitioweb.com.

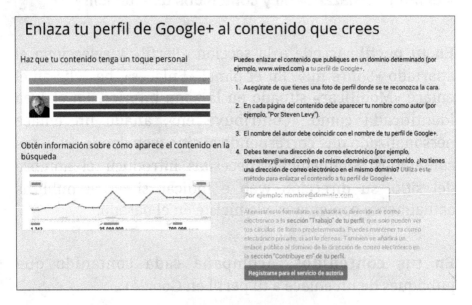

Introduce tu dirección de e-mail de acuerdo a esa condición en la casilla correspondiente de la página de Google Authorship (plus.google.com/authorship). Sólo necesitas completar este paso una vez, sin importar cuántos contenidos publiques en el futuro.

La dirección que introduzcas aparecerá automáticamente en el panel «Contribuye en» de tu perfil, aunque puedes configurar su visibilidad si no deseas que se muestre públicamente.

Completado el proceso del e-mail, cada contenido que publiques debe ir acompañado de tu nombre completo como autor. La fórmula idónea es que coincida exactamente con el nombre que has indicado en tu perfil de Google+.

Comprobar la vinculación entre autor y contenidos

Para comprobar qué datos de autor mostrará Google en sus resultados, puedes utilizar su «Herramienta de pruebas de datos estructurados» (bit.ly/19eenEb), introducir en ella la dirección en la que has publicado contenidos y pulsar «Vista previa».

Recuerda que la imagen que se muestra junto a tus contenidos es la que has indicado para tu perfil en Google+.

Personas

La sección «Personas» te permite organizar tus contactos en Google+ incluyéndolos en círculos. Cada círculo es un grupo de personas a las que sigues y con las que puedes compartir información instantáneamente.

Ellas también pueden seguirte si lo desean. Cuando ese seguimiento te incomode, tienes la posibilidad de ignorarlas o bloquearlas, como descubrirás en la parte final de este capítulo.

Encontrar personas	Te tienen en círculos	**Tus círculos**	Descubre

Para conocer el total de personas que actualmente están en tus círculos, selecciona el apartado «Tus círculos» en la navegación superior de la sección «Personas». A su lado, el apartado «Te tienen en círculos» te indica qué personas te han incluido en sus círculos y, por tanto, te siguen en Google+.

Añadir contactos a tus círculos

Encontrar personas

Junto a los dos apartados mencionados hay un tercero denominado «Encontrar personas». Al acceder a él se muestra una caja, con el texto «Busca a cualquier persona», en la que puedes escribir el nombre y apellidos del usuario a quien deseas encontrar.

Si tiene perfil en Google+, el usuario se muestra como resultado en un cuadro destacado. Situando el ratón sobre el botón «Añadir», en la zona inferior del cuadro, un desplegable te permite elegir en qué círculo deseas incluir a esa persona.

Google+ ofrece círculos por defecto (Amigos, Familia, Conocidos y Soy seguidor/a), pero también puedes crear tus propios círculos personalizados.

Para hacerlo, en el apartado «Tus círculos», no arrastres los cuadros de las personas que encuentres sobre los círculos existentes. En su lugar, hazlo sobre el círculo vacío situado en el extremo izquierdo y con un signo «+» en su interior.

Cuando sueltas el cuadro de una persona sobre el círculo vacío, puedes pulsar en su interior y Google+ te presentará un panel en el que puedes poner un nombre a tu nuevo círculo y añadir a él nuevos contactos.

Sugerencias de Google+

Al acceder al apartado «Encontrar personas», Google+ aprovecha para mostrar sugerencias de contactos en la zona media de la página. Para ofrecer esas sugerencias se sirve de información de tu cuenta. Concretamente utiliza los siguientes datos:

- conexiones en común con contactos que también usan productos de Google (ej.: los contactos que también usas en Gmail o Android),
- interacciones que has mantenido con otros contactos en productos de Google (ej.: usuarios con los que has compartido documentos en Google Drive),
- enlaces que has añadido a tu perfil,
- cuentas conectadas que has enlazado en tu cuenta de Google,
- personas en tus círculos ampliados,
- contactos de sitios externos, siempre que hayan conectado sus cuentas con Google+ (ej.: contactos de tu cuenta Twitter si la has conectado a Google+).

Como en el caso de las búsquedas, para añadir un contacto sugerido a tus círculos necesitas arrastrar el cuadro de esa persona hasta el círculo que desees y soltarlo en su interior.

Importar contactos de otros servicios

Si quieres que el proceso de añadir contactos sea más rápido, tienes la posibilidad de importarlos desde otros servicios como Yahoo! y Hotmail.

Al acceder al apartado «Encontrar personas», su navegación lateral ofrece la opción «Conectar servicios». Gracias a ella es posible importar contactos de otros servicios o libretas de direcciones.

Al seleccionar cualquiera de los servicios disponibles (ej.: Yahoo! Correo), necesitas identificarte para acceder a la cuenta correspondiente y aceptar que deseas compartir los datos de contactos con Google+. Una vez finalizado el proceso, deberás colocar cada uno de los contactos importados en el círculo que desees.

Puede que no seas usuario de Yahoo! o Hotmail, pero sí de un servicio que te permite exportar todos tus contactos a un fichero en formato CSV.

En ese caso, al seleccionar la opción «Conectar servicios», debes elegir «Abrir libreta de direcciones» y seleccionar el archivo donde ésta se encuentre. Al hacerlo, Google+ te consulta la ubicación del fichero CSV que previamente hayas creado o exportado e inicia un pequeño asistente que te ayuda a importar el listado de contactos. Como en el caso anterior, el último paso es colocar cada contacto en el círculo que prefieras.

Nuevos contactos mediante notificación

Cuando alguien te añade a uno de sus círculos recibes una notificación en Google+ y mediante correo electrónico. Si no deseas notificaciones vía e-mail puedes desactivarlas accediendo a la configuración de Google+ y desmarcando la casilla «Alguien me añade a un círculo» en el área «Notificaciones».

Cualquier persona puede incluirte en sus círculos sin que eso implique que debas hacer lo mismo. Las personas que te añadan a sus círculos sin que tú las incluyas en los tuyos, no tendrán acceso completo a la información de tu perfil. Incluso puedes bloquearlas para limitar su posible interacción contigo.

Qué ocurre cuando añades a alguien a un círculo

Cuando añades a una persona a tus círculos y, por tanto, te conviertes en seguidor de su actividad, ocurre lo siguiente.

- Recibe una notificación y tiene la opción de hacer mutuo el seguimiento añadiéndote a sus círculos. Nunca se le revelará el nombre del círculo en el que la hayas incluido.
- Si hay seguimiento mutuo, Google+ activa automáticamente la opción de chat entre vosotros.
- Puedes compartir contenidos con ella.
- Sus publicaciones aparecen en tu sección «Inicio», siempre que sean públicas o compartidas contigo.

Modificar tus círculos

Accede a la sección «Círculos» y selecciona el nombre del círculo que quieres modificar. Al hacerlo, en el interior del círculo aparecen tres iconos. El correspondiente a un lápiz («Modificar el círculo») te permite cambiar el nombre y descripción del círculo.

Eliminar contactos o círculos completos

Para eliminar un contacto, accede a la sección círculos y selecciona el nombre del círculo en el que está el contacto que deseas eliminar. Sobre el círculo elegido se mostrarán todas las personas incluidas en él.

Coloca el ratón sobre el cuadro de la que quieres eliminar y pulsa la «X» que aparece en su esquina superior derecha para eliminarlo de ese círculo.

Otra forma de lograr el mismo objetivo es visitar el perfil de ese usuario y pulsar el botón verde de la zona superior que te indica a cuál de tus círculos pertenece ese contacto. Desactiva todas las casillas del desplegable para eliminarlo de todos tus círculos.

Para eliminar completamente un círculo y los contactos que contiene, selecciónalo haciendo click en su nombre y pulsa el icono correspondiente a una papelera.

Compartir círculos

Gracias a esta función tienes la posibilidad de crear círculos en los que agrupar a personas para luego compartirlos pública o privadamente.

Por ejemplo, puedes incluir en un círculo a usuarios de Google+ que sean relevantes en tu sector profesional y después compartir ese círculo con tu compañeros de trabajo.

Los pasos necesarios para compartir un círculo son: 1) seleccionarlo haciendo click en su nombre y 2) pulsar el icono con la flecha girada («Comparte el círculo»).

Google+ muestra entonces un panel. En su zona superior puedes incluir una pequeña descripción del círculo que vas a compartir. Y lo más importante, en la caja inferior debes indicar con quién deseas compartir ese círculo.

Puedes hacerlo con contactos concretos, con otros de tus círculos o incluso con todos los usuarios de Google+, seleccionando la opción «Público». Al compartir un círculo sólo se comparten sus contenidos (los perfiles y/o páginas incluidas en él), nunca el nombre que le hayas puesto.

Si realizas una búsqueda en Google+ incluyendo los términos «círculo» o "circles" (ej.: «círculo marketing» o "museums circle"), encontrarás círculos hechos públicos por otros usuarios entre los resultados.

Pulsa el botón «Añade a personas» que aparece junto a esos círculos para incorporarlos a los tuyos.

Bloquear a otros usuarios

Para bloquear a un usuario, accede a su perfil y en el desplegable que acompaña a su nombre pulsa el enlace «Denunciar/bloquear a *Usuario*». En el panel emergente, selecciona la opción «Bloquear». Las consecuencias de esa acción son las siguientes.

- El usuario es eliminado de tus círculos.
- Aunque tengáis contactos en común, también desaparecerá de tus círculos ampliados.
- No puede comentar tus contenidos ni ver los que compartas con tus círculos (pero sí tus contenidos públicos),
- No puede mencionarte en publicaciones o comentarios.
- La persona a la que bloquees no recibe ninguna notificación, pero las limitaciones que sufrirá al interactuar contigo y tus contenidos pueden llevarle a darse cuenta del bloqueo.

Si quieres consultar el listado completo de usuarios a quienes has aplicado un bloqueo, accede a la sección «Personas» y en su apartado «Tus círculos», pulsa el desplegable «Acciones» y elige la opción «Ver bloqueados».

Ignorar a otros usuarios

Si bloquear te resulta una medida excesiva, puedes optar por ignorar como opción intermedia.

Tiene las siguientes consecuencias.

- La persona ignorada será eliminada del listado «*X* personas te tienen en círculos» de tu perfil.
- Las menciones que te haga no aparecerán en tu sección «Inicio» ni recibirás notificación alguna.
- Podrá seguir comentando tus publicaciones públicas, etiquetándote en fotos y añadiéndote a círculos.

Si quieres consultar el listado completo de usuarios que has ignorado, accede a la sección «Personas» y en su apartado «Tus círculos», pulsa el desplegable «Acciones» y elige la opción «Ver personas ignoradas».

Publicaciones de los círculos en tu sección «Inicio»

En la zona superior de tu sección «Inicio» hay unas pestañas identificados como «Todo», «Amigos», «Familia» y «Más». Al pulsarlas eliges de qué círculo concreto deseas leer publicaciones. Por tanto, funcionan como filtros de contenidos en tu página principal.

Pero seleccionar manualmente cada círculo para ver sus últimas publicaciones puede resultar un proceso tedioso si utilizas Google+ habitualmente.

Lo más cómodo es que las publicaciones de los diferentes círculos aparezcan compiladas en la página principal, pero habiendo configurado previamente qué cantidad de ellas corresponderán a cada círculo.

Para ello, selecciona un círculo pulsando su pestaña en la zona superior de la sección «Inicio». Accedes así a sus últimas publicaciones encabezadas por el panel «En este círculo».

En su esquina superior derecha, una rueda de configuración da acceso a un desplegable. En él es posible elegir la cantidad de contenidos de ese círculo que quieres que lleguen a la sección «Inicio».

Repite el proceso anterior con todos los círculos que quieras graduar. Con esta solución consigues ajustar la cantidad de contenidos que recibes de cada círculo según el interés que tenga para ti.

Fotos

Google+ ofrece espacio ilimitado para subir imágenes con dimensiones no superiores a 2048 x 2048 píxeles. Las fotos subidas con mayor tamaño son ajustadas automáticamente al máximo indicado. También cuenta con la opción de subir vídeos HD 1.080 de hasta 15 minutos.

Añadir y compartir

Google+ te permite organizar tus imágenes en álbumes y ofrece diferentes métodos para que puedas subirlas desde ordenadores o dispositivos móviles.

- En la sección «Fotos».
- En el panel para crear publicaciones.
- En tu dispositivo móvil (Android o iOS).

En la sección «Fotos»

1. Entra en la sección «Fotos».

2. Accede al apartado «Subir fotos».

3. Puedes crear un álbum nuevo para las imágenes que vas a subir o incluirlas en uno ya existente. En ambos casos podrás añadirlas arrastrándolas y soltándolas sobre el cuadro central o seleccionándolas de tu ordenador o dispositivo móvil.

4. Al situar el cursor sobre cada foto puedes aplicarle un título, etiquetas y editar su apariencia. Pulsa el botón «Crear álbum» o «Añadir foto» para aceptar los cambios.

5. Finalmente se muestra el panel que te permite compartir las fotos subidas con los círculos o contactos deseados.

En el panel para crear publicaciones

En Google+, el panel para publicar novedades se muestra en la zona superior de las secciones «Inicio» y «Perfil». También puedes acceder a él en cualquier página del ecosistema Google gracias al botón «Compartir» del área superior derecha.

Una vez situado en el panel, pulsa el icono «Fotos» o «Vídeo» para incluir estos contenidos en tu publicación. Si optas por la primera opción, Google+ te ofrece las siguientes posibilidades.

- Añadir fotos. Selecciona imágenes almacenadas en tu ordenador para añadirlas a tu publicación.

- Crea un álbum. Ponle el nombre que desees y después arrastra a su interior las imágenes que quieras incluir o selecciónalas de tu ordenador. Puedes editar parámetros de cada imagen situando el ratón sobre ella. Al finalizar, pulsa el botón «Crear álbum».

- De subida instantánea. Presenta un panel con las imágenes que hayas subido a tu cuenta Google+ mediante la función «Subida instantánea» de la aplicación móvil. Selecciona la imagen que desees añadir a tu publicación.

- Hacer una foto. Te permite añadir una imagen capturada mediante cámara web, si tu ordenador está equipado con una.

- Desde Google Drive. Ofrece la posibilidad de publicar imágenes que previamente hayas guardado en el servicio de almacenamiento en la nube de Google.

En el caso de que necesites añadir un vídeo a tu publicación, al pulsar el icono correspondiente Google+ ofrece las siguientes opciones.

- Subir vídeo. Selecciona vídeos almacenados en tu ordenador para añadirlos a tu publicación.

- YouTube. Añade vídeos disponibles en YouTube que hayan sido subidos por ti u otros usuarios.

- De subida instantánea. Muestra un panel con los vídeos que hayas subido a tu cuenta Google+ mediante la función «Subida instantánea» de la aplicación móvil. Selecciona el vídeo que desees añadir a tu publicación.

- Grabar vídeo. Te permite añadir un vídeo capturado mediante cámara web, si tu ordenador está equipado con una.

- Desde Google Drive. Ofrece la posibilidad de publicar vídeos que previamente hayas guardado en el servicio de almacenamiento en la nube de Google.

En tu dispositivo móvil

Al iniciar la aplicación Google+ en tu dispositivo móvil (Android o iOS), la aplicación te consulta si deseas activar o no la función «Subida instantánea».

Si decides habilitarla, las fotos y vídeos que captures con tu dispositivo se subirán automáticamente a un álbum privado identificado como «Subida instantánea». Podrás compartir sus contenidos con tus círculos o contactos específicos si así lo deseas.

Además de la «Subida instantánea», para publicar fotos o vídeos desde tu dispositivo móvil en cualquier momento es necesario seguir los siguientes pasos.

1. En la barra oscura de la zona inferior de la aplicación, pulsa el icono de la cámara fotográfica.
2. Selecciona si deseas capturar una imagen en ese instante o utilizar una ya almacenada en tu dispositivo.
3. Añade otros contenidos a tu publicación, elige con quién compartirla y pulsa el botón «Compartir» en la esquina superior derecha.

Compartir y gestionar visibilidad

En Google+ puedes elegir con qué círculos o contactos deseas compartir tus álbumes. La visibilidad de éstos puede configurarse con las siguiente opciones.

- Limitada a ti. Eligiendo la opción «Sólo tú», serás el único con permisos para ver los contenidos del álbum. Es el nivel de privacidad más alto para tus fotos y vídeos.
- Limitada. Los álbumes solo son visibles para los contactos con quienes decides compartirlos y éstos

tienen que acceder a su cuenta Google para ver las fotos y vídeos.

- Limitada a usuarios que reciban el enlace. Aunque técnicamente son álbumes visibles, cuentan con una dirección web única difícil de adivinar. Puedes compartirla sólo con aquellos contactos que desees.
- Círculos ampliados. Los álbumes son visibles para las personas de tus círculos y los contactos visibles que éstas tengan en sus círculos (un grado de separación).
- Pública. Cualquier usuario de Internet puede ver tus álbumes. Incluso aparecen en los resultados de las búsquedas web, además de en el apartado «Fotos» de tu perfil en Google+.

Las personas que visitan tus álbumes pueden consultar la visibilidad que éstos tengan, abriendo un álbum en concreto y pulsando el enlace «Compartido de forma privada» que aparece bajo el título del álbum.

Los contactos con los que compartes tus álbumes pueden igualmente compartirlos con otros usuarios si:

- esos usuarios son etiquetados en alguna de tus fotos. Cuando se etiqueta a alguien en un álbum, éste se comparte automáticamente con esa persona.
- esos usuarios son mencionados en el comentario de alguna foto. En este caso, tanto el comentario como el álbum al que pertenece la foto se comparten con la persona mencionada.

Si quieres evitar que otras personas compartan tus álbumes, necesitas bloquearlos. Para conseguirlo, accede al álbum que desees bloquear y pulsa el enlace «Compartido de forma privada» en la zona superior.

Al hacerlo se muestra un panel que incluye el punto «Inhabilitar la opción para compartir», acompañado de una casilla para activar o desactivar esa posibilidad.

Una vez bloqueado el álbum, las etiquetas de nombre creadas por otras personas se transforman en etiquetas de texto, se inhabilitan las menciones y las publicaciones sobre el álbum quedan bloqueadas, incluyendo las previas al bloqueo.

Editar tus fotos

Para modificar una imagen a tu gusto necesitas abrirla en su álbum dentro de la sección «Fotos». Al pulsar sobre ella, Google+ la presenta en modo *lightbox*, colocándola sobre un fondo negro y acompañándola de un panel para comentarios en el lateral derecho.

En la zona superior, el botón «Editar» da acceso a una herramienta para su tratamiento gráfico. Las funciones disponibles van desde la edición básica a la aplicación de efectos o inserción de textos.

Una vez finalizada la edición de la imagen, al pulsar el botón «Guardar» se da la opción de reemplazar la imagen original con los cambios realizados o guardar éstos en una copia nueva.

El modo de visualización *lightbox*

Este es el formato en el que Google+ muestra tus fotos en detalle. En su interfaz puedes realizar diferentes acciones sobre la imagen seleccionada: ponerle título, añadirle etiquetas y comentarios, aplicarle efectos gráficos, etc.

Al compartirla creas una publicación que incluye la foto y se distribuye entre los contactos que hayas elegido. Tienen acceso a la foto, pero no al álbum al que pertenezca.

Pulsando el desplegable «Más» en la zona superior, es posible añadirla a un álbum específico o descargarla en sus dimensiones originales.

Si deseas impedir que otros usuarios utilicen esa función, accede a la configuración de Google+ y en el bloque «Fotos» desactiva la casilla «Permitir a los lectores descargar mis fotos».

Añadir etiquetas a una foto

Para etiquetar una foto simplemente es necesario identificar a los usuarios que aparecen en ella. Así, quienes la ven saben quiénes son las personas que aparecen en la imagen.

Y esas personas, al ser etiquetadas, reciben una notificación y logran acceso, tanto a la foto como al álbum donde esté incluida.

Para etiquetar una foto necesitas abrirla en modo *lightbox*, pulsar el enlace «Etiquetar personas» en la zona superior y seleccionar la cara de alguna persona en la imagen. Necesitarás entonces indicar el nombre de esa persona para etiquetarla en la foto.

Si lo que necesitas es eliminar una etiqueta previamente creada, abre la foto afectada y pulsa la «X» que acompaña al rostro etiquetado.

Aprobar o suprimir etiquetas

En Google+, las etiquetas que tus contactos añaden a tus imágenes son aprobadas automáticamente. Además, son visibles para el resto de personas que tengan acceso a esas imágenes.

Si deseas cambiar esta opción por defecto, puedes definir qué contactos y círculos reciben aprobación automática. Para ello accede a la configuración de Google+, y en el bloque «Fotos», configura según tus preferencias el campo «Personas cuyas etiquetas se aprueban automáticamente para que enlacen a tu perfil».

Para comprobar en qué fotos has sido etiquetado por otros usuarios, accede a tu sección «Fotos» y selecciona «Fotos donde apareces» en el desplegable «Más» de la navegación superior. En esa misma página puedes aprobar o eliminar etiquetas, pulsado la marca de verificación o la «X» según el caso.

Si decides eliminar la etiqueta, no podrás volver a ser etiquetado en esa foto e incluso tendrás la opción de impedir que quien te haya etiquetado pueda volver a hacerlo.

Pero, ¿qué ocurre cuando la persona etiquetada no es usuaria de Google+? Recibe una notificación por correo electrónico y puede eliminar la etiqueta sin necesidad de acceder al servicio.

Temas interesantes

Gracias a esta sección, los usuarios pueden conocer cuáles son los temas más populares en Google+. Además te permite ir más allá de las materias que se traten en tus círculos, ya que los contenidos populares que muestra Google+ pueden pertenecer a cualquier usuario del servicio que haya decidido compartir públicamente una novedad.

Publicaciones populares

En el área principal de la página se muestran las publicaciones recientes más exitosas. Para determinar este punto, Google+ se fija en los votos +1 que acumulan y las veces que han sido compartidas.

Puedes conocer esa información a través del panel inferior que acompaña a cada publicación. Y puedes sumarte a ambas acciones (votar y/o compartir) pulsando el botón correspondiente.

Ecos de una publicación

Cuando necesitas descubrir más información sobre cómo se ha difundido una publicación popular, Google+ te permite saberlo mediante la función «Ver Ecos». Se encuentra en la flecha desplegable situada en la esquina superior izquierda de cada publicación.

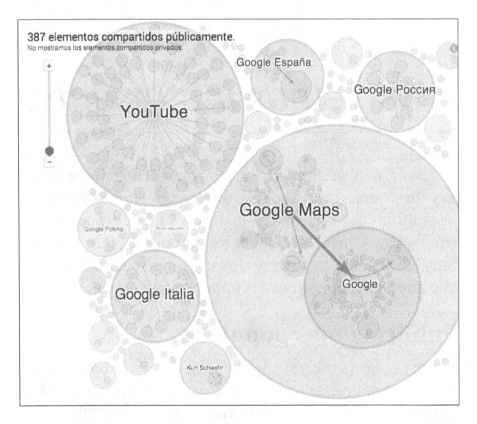

Al seleccionarla accedes a una representación gráfica interactiva en la que se muestra qué usuarios han compartido la publicación y el cauce de relaciones que ha seguido esa difusión.

Cada círculo pequeño representa a un usuario implicado en la difusión. Pulsando en un determinado círculo, Google+ presenta un panel con los datos de ese usuario e incluso un botón que te permite añadirlo a tus círculos.

Si te encargas profesionalmente de la presencia en medios sociales de tu empresa, los ecos pueden ayudarte a conocer qué usuarios comparten habitualmente tus publicaciones o quiénes tienen mayor influencia.

Publicaciones populares en tu sección «Inicio»

En la zona superior de «Temas populares» hay un panel con el título «Temas interesantes y recomendados» acompañado de una rueda de configuración. Pulsando en ella tienes la posibilidad de activar o no que las publicaciones de esta sección se muestren en tu página principal de Google+ y qué cantidad de ellas deseas que lo hagan.

Tendencias

En el momento de publicar la segunda edición de este libro, las tendencias de Google+ sólo están disponibles para usuarios que tengan como idioma de su cuenta el inglés (estadounidense o británico).

Si deseas cambiar el idioma por defecto de tu cuenta puedes hacerlo accediendo a la configuración de Google+, seleccionando «Cuenta» en la navegación y modificando el idioma principal en el bloque «Idioma».

Considerando lo anterior, Google+ muestra en un panel titulado *"Trending"* un listado de los temas que en ese momento son tendencia.

```
Trending

⬇ #IngressMedals        ⬇ Floyd Mayweather Jr.
• Solar System          ⬇ #Flooding
⬆ #IncredibleIndia      • North America
⬆ #Friday13th           ⬆ #FloralFriday
⬇ Batman                ⬆ #IPO
```

Incluso puedes comprobar que algunos de los temas tienen como prefijo una almohadilla (ej.: #London2012), ya que Google+ permite utilizar este formato que Twitter define para las *hashtags*. Si deseas usarlas en tus publicaciones de Google+, simplemente añádelas al contenido.

Búsquedas

El buscador de Google+ está disponible en todas sus secciones. Te permite encontrar lo que necesitas en publicaciones, perfiles y páginas, comunidades, publicaciones, etc.

Sólo el buscador de la sección «Local» tiene características especiales, al estar específicamente orientado a encontrar lugares y negocios locales.

Búsquedas filtradas

Al realizar una búsqueda obtienes los resultados de todas las fuentes utilizadas por Google+. Si lo necesitas, puedes filtrarlos eligiendo en la navegación superior de qué fuente específica deseas obtenerlos.

- Gente y páginas: la fuente es la información de sus perfiles.
- Comunidades: encuentra comunidades en las que se debate sobre el tema de tu búsqueda.
- Publicaciones: encuentra tu término de búsqueda en publicaciones públicas o que otras personas hayan compartido contigo.
- Fotos: localiza fotografías incluidas en publicaciones que incluyan tu término de búsqueda en sus contenidos.
- Hangouts: encuentra vídeo-conferencias públicas relacionadas con tu búsqueda.
- Eventos: Google+ utiliza los eventos públicos como fuente de resultados.
- De tus círculos: limita la búsqueda a contenidos publicados por contactos de tus círculos.
- De tus publicaciones: encuentra sólo en tus propios contenidos.
- De publicaciones donde te han mencionado: localiza tu término de búsqueda en publicaciones de terceros que te han mencionado.

Búsquedas guardadas

Dado que Google+ tiene millones de usuarios publicando constantemente sobre diversas temáticas, sus búsquedas pueden servirte para encontrar qué se publica en tiempo real sobre asuntos concretos de tu interés.

La forma inmediata de lograrlo es usar el buscador de la zona superior de la página. Introduce el objetivo de tu búsqueda (ej.: *marketing*) y Google+ te presentará los resultados en el área principal de la pantalla.

Sobre ellos hay un desplegable con el que tienes la opción de elegir si quieres ver los mejores de esos resultados o los más recientes.

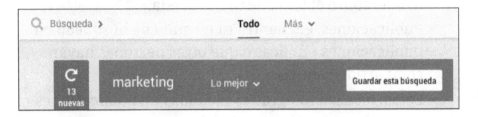

Si necesitas repetir habitualmente esa búsqueda para conocer con frecuencia lo que se publica sobre un determinado tema, la mejor solución es guardarla. Realiza la búsqueda y pulsa el botón «Guardar esta búsqueda» en la zona superior de la página.

La próxima vez que accedas a tu sección «Inicio» y accedas al desplegable «Más» de la zona superior, verás tus búsquedas guardadas junto a los círculos que aparezcan en el listado. Solo tendrás que hacer click en la búsqueda que te interese consultar para acceder directamente a sus resultados.

Sugerencias

La sección «Temas interesantes» no se limita a descubrirte contenidos. En su lateral derecho también te sugiere perfiles, páginas y comunidades que podrían resultar de tu interés.

Comunidades

Las comunidades son lugares en los que los usuarios pueden reunirse para compartir ideas y contenidos sobre temas específicos. Cualquier usuario tiene la posibilidad de crear una comunidad o unirse a una ya existente.

Crear una comunidad

El primer paso es acceder a la sección «Comunidades» seleccionando su icono en la navegación principal de Google+. A continuación es necesario pulsar el botón «Crear una comunidad».

Privacidad

Dependiendo de la temática y de las personas con quienes desees compartirla, tu nueva comunidad puede ser pública o privada. Google+ ofrece las siguiente opciones al respecto.

Pública - Todo el mundo puede entrar

Cualquier usuario de Google+ puede encontrar tu comunidad y unirse a ella. Igualmente, cualquiera puede ver qué usuarios son miembros de tu comunidad y qué publicaciones se comparten en ella.

Este tipo de comunidad puede servirte para conocer a personas que compartan tus intereses, motivaciones, hobbies, etc.

Pública - Cualquier persona puede solicitar unirse

Cualquier usuario de Google+ puede encontrar tu comunidad y solicitar unirse a ella. Como moderador puedes aprobar o ignorar esa solicitud.

Si el usuario es admitido como miembro de la comunidad, puede participar en ella sin limitaciones. Como en el caso anterior, cualquiera puede ver qué usuarios son miembros de tu comunidad y qué publicaciones se comparten en ella.

Puede servirte para compartir contenidos públicamente con otros usuarios, pero teniendo control sobre quiénes de ellos deseas que formen parte de tu comunidad.

Privada - Las personas pueden encontrarla y solicitar unirse

Al igual que la opción pública con aprobación previa, tu comunidad es visible en las búsquedas y requiere autorización del moderador para admitir nuevos miembros.

La diferencia es que, en este caso, sólo los miembros de tu comunidad pueden ver al resto de miembros y las publicaciones que se han compartido.

Puede servirte para crear comunidades privadas vinculadas a organizaciones públicas. De este modo, permites que la comunidad sea visible públicamente en las búsquedas, pero controlas el acceso y mantienes privados sus contenidos y el listado de miembros admitidos.

Privada - Ocultarla de las búsquedas

Tu comunidad no se muestra en los resultados de búsqueda y únicamente los usuarios a los que decidas invitar pueden convertirse en miembros de la misma. Sólo estos miembros pueden ver a los demás y acceder a las publicaciones compartidas en la comunidad.

Aunque el nombre e imagen identificativa de tu comunidad no se muestren en las búsquedas, sí serán visibles para aquellos que busquen directamente el nombre de la comunidad o conozcan su dirección web.

Este tipo de comunidad puede servirte para compartir conversaciones privadas con grupos que no tienen la necesidad o deseo de ser públicos (ej.: familias, grupos de amigos, etc.).

Configuración básica de tu nueva comunidad

Una vez completada la configuración de privacidad de tu comunidad, sólo te falta darle el nombre con el que será identificada y pulsar el botón «Crear comunidad». Ya has completado el proceso de creación.

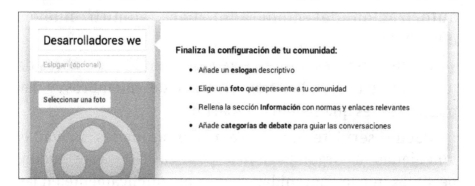

Ahora puedes completar otros datos esenciales sobre tu nueva comunidad, para que sus futuros miembros tengan más información sobre ella. Google+ te da la posibilidad de añadir estos datos básicos en un panel vertical al confirmarte la creación de tu comunidad.

Modificar el nombre. La primera opción del panel vertical para personalizar tu comunidad te ofrece la opción de modificar el nombre con el que la hayas creado. Haz lo posible para que el nombre de tu comunidad sea único, conciso y muy claro.

Además, si has decidido que tu comunidad sea visible en los resultados de búsqueda, te ayudará cuidar esos factores para que los usuarios puedan encontrarla e identificarla fácilmente. Evita también que el nombre coincida con el de tu página en Google+ para evitar cualquier confusión a quienes te busquen.

Añadir un eslogan. Opcionalmente puedes incluir un eslogan que apoye el nombre de la comunidad. Su función es dejar claro a los usuarios, con una frase corta, cuál es la temática y objetivo principal de esa comunidad.

Añadir una imagen. Asociar una imagen a tu nueva comunidad potencia su identidad. Ayuda a los usuarios a reconocerla visualmente de la forma más rápida y cómoda. Esto te resultará especialmente importante si has configurado tu comunidad para que sea visible en las búsquedas.

El único paso necesario para asociar una imagen a tu comunidad es pulsar el enlace «Seleccionar una foto» en el panel vertical de personalización. Google+ permite entonces obtenerla de tu ordenador, de tus álbumes o de tu cámara web.

Haz lo posible para que la imagen elegida represente el propósito de tu comunidad o incluya la identidad corporativa de tu empresa-institución, si ésta es la protagonista temática de la comunidad.

Ten cuidado al utilizar identidades corporativas que no te pertenezcan y asegúrate antes de cuáles son sus autorizaciones o directrices de uso por parte de terceros.

Completar otra información. En la zona inferior del panel vertical de personalización, se ofrece la opción de incluir una descripción de la comunidad.

Puede resultar útil para aclarar cuáles son los objetivos de debate y normas de uso de la comunidad. Si la temática tiene además vinculación con un lugar concreto, puede indicarse en el punto «Ubicación».

Eliminar la comunidad. Es la última opción del panel de personalización. Puede resultarte útil tras haber creado tu comunidad si has equivocado el tipo de privacidad que deseabas asignarle.

El motivo es que esta característica no puede modificarse *a posteriori* y necesitarás volver a crear la comunidad con la privacidad que hayas decidido.

Invitar a otros usuarios. Al finalizar el proceso de creación y personalización, todo está listo para invitar a otros usuarios para que se conviertan en miembros de tu nueva comunidad.

En el panel «Cuéntaselo a otros», pulsa el botón «Invitar a personas» que te da la posibilidad de enviar una invitación a tus círculos o a usuarios específicos.

En el mismo paso, la opción «Compartir comunidad» permite además difundir la invitación públicamente, salvo en comunidades privadas ocultas y sólo para invitados.

Unirse a una comunidad

Si lo que deseas es unirte a una comunidad ya existente, accede a la sección «Comunidades» seleccionando su icono en la navegación principal de Google+. En la pantalla principal de la sección, Google+ permite: 1) descubrir comunidades y 2) buscarlas.

Descubrir comunidades

Bajo el título «Descubre otras comunidades», Google+ sugiere un listado de comunidades con temáticas que pueden encajar con tus intereses. Obviamente son comunidades públicas, aunque su acceso puede ser libre o sujeto a aprobación previa.

Al seleccionar una de las comunidades del listado, se muestra su pantalla principal en la que son visibles sus miembros (panel «Miembros» en el lateral izquierdo) y las publicaciones que éstos hayan realizado.

Si la comunidad te resulta interesante, el botón superior «Participar en la comunidad» te convertirá en miembro de la misma. En las comunidades públicas que requieren aprobación del moderador, se muestra el botón «Solicitar unirse».

Buscar comunidades

En la página principal de la sección «Comunidades», junto al título «Descubre otras comunidades», Google+ ofrece una caja de búsqueda.

Gracias a ella puedes encontrar comunidades que incluyan los términos de búsqueda en su título, eslogan o descripción. La caja principal de búsqueda de Google+ también muestra comunidades en sus resultados.

Administrar una comunidad

Administrar miembros

En el panel izquierdo de tu comunidad, junto al nombre de ésta, pulsa la rueda de configuración. Te mostrará la opción «Administrar miembros». Con ella puedes acceder al área de gestión de los usuarios que forman parte de tu comunidad.

En la zona superior derecha de cada miembro listado, una flecha da acceso a un desplegable con las siguientes opciones:

- Eliminar de la comunidad: expulsa a ese miembro.
- Prohibir en esta comunidad: además de expulsarlo, le impide volver a entrar o solicitar acceso.
- Ascender de miembro a moderador: cambia su rol, asignándole máximas competencias.

Gracias al desplegable «Todos» en la zona superior también se pueden administrar los moderadores, los usuarios que esperan aprobación para ser miembros de la comunidad, los que han sido invitados y los bloqueados.

Propietario y moderadores

Una comunidad puede estar gestionada por su propietario y los moderadores que éste haya designado mediante ascenso. Ambos roles, propietario y moderador, tienen las siguientes competencias.

- Añadir o editar categorías.
- Añadir otros moderadores.
- Eliminar publicaciones.
- Eliminar o bloquear miembros.

La única diferencia entre ambos roles es que sólo el propietario de una comunidad puede eliminarla.

Si un propietario desea descender a un moderador al rol de miembro, puede hacerlo accediendo a la opción «Administrar miembros», seleccionando «Moderadores» en el desplegable superior, pulsando la fecha de la esquina superior derecha de la ficha del usuario y eligiendo «Descender de moderador a miembro».

Administrar publicaciones

Como propietario o moderador tienes la posibilidad de eliminar publicaciones que no se ajusten a los objetivos o normas de la comunidad.

Para ello es necesario seleccionar «Todas las publicaciones» en el lateral izquierdo de la comunidad. En la esquina superior derecha de cada publicación, una flecha da acceso a la opción «Eliminar publicación».

En el mismo desplegable encontrarás la posibilidad de expulsar a su autor si ha infringido grave y/o repetidamente las normas de la comunidad. O incluso de ascenderlo a moderador en caso contrario.

Organizar tu comunidad en categorías

Si la temática de tu comunidad es amplia, compleja y genera una considerable variedad de publicaciones, puedes estructurarla en categorías.

Resultará más ordenada, tanto para los miembros de la comunidad como para los moderadores. Por ejemplo, una comunidad sobre fotografía podría tener las siguientes categorías: «Técnicas básicas», «Técnicas avanzadas», «Cámaras y equipos», «Software fotográfico» y «Concursos».

Para crear una categoría debes ser propietario o moderador de la comunidad. Para utilizar esta función debes pulsar la rueda de configuración junto al nombre de la comunidad y seleccionar «Editar comunidad». Accedes así al panel de personalización y en su zona media se encuentra la opción «Añadir categoría».

En todo momento tienes la posibilidad de re-ordenar las categorías creadas, arrastrándolas a la posición deseada. También puedes eliminarlas pulsando la «X» que las acompaña.

Consejos de Google+ para una comunidad exitosa

La propia Google publicó una serie de recomendaciones para potenciar el éxito de las comunidades. Algunas pueden resultar obvias, pero no por ello dejan de ser importantes.

- Promociona tu comunidad como un lugar para conversar y compartir ideas.
- Participa en las conversaciones publicando contenidos y comentarios útiles.
- Vota +1 los contenidos y comentarios útiles de los miembros de tu comunidad.
- Crea las categorías que les permitan disfrutar de debates más especializados y ordenados.
- Escucha a los miembros de tu comunidad e intenta lograr cierta complicidad con ellos.
- Quienes respondan a esa complicidad y enriquezcan la actividad de la comunidad, quizá merezcan un rol superior como moderadores.

Google también sugiere evitar los siguientes errores.

- No conviertas la comunidad en un mero canal para difundir información, sin conversaciones ni debates.
- No intentes forzar la participación con preguntas muy generales.
- No invites a nadie a una comunidad vacía.
- Crea antes una publicación en la que des la bienvenida a los futuros miembros y definas las expectativas del debate que podéis desarrollar juntos.
- No dejes abandonada tu comunidad. Para que sea un éxito necesita un moderador que supervise a diario su actividad y garantice que ésta es de calidad.

Eventos

Mediante esta sección puedes crear y compartir eventos. Para ello ofrece la posibilidad de lanzarlos públicamente o enviar invitaciones privadas a los usuarios que desees, tengan o no cuenta en Google+.

Además, toda la actividad que generas en la sección «Eventos» se sincroniza automáticamente con tu Google Calendar. Antes de que se celebre el evento, Google+ te envía notificaciones para informarte de las personas que han aceptado la invitación.

Cuando llega el momento programado, Google+ permite a los asistentes que todas las fotos y vídeos que realicen durante la celebración del evento, queden asociados al mismo automáticamente en un álbum común.

Así, cuando el evento finaliza, quienes han participado pueden revisar las grabaciones e imágenes compartidas.

Crear un evento

Para crear un evento necesitas pulsar el icono del calendario en el panel que utilizas para crear y publicar tus novedades.

También puedes hacerlo en la sección «Eventos», pulsando el botón «Crear un evento». A partir de ese punto puedes personalizar tu evento como desees.

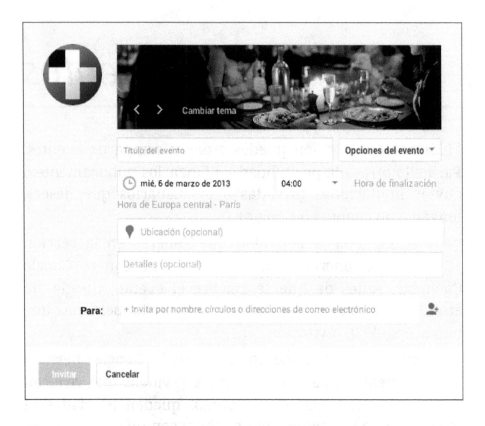

Elegir un tema

Como primer paso, tienes la posibilidad de aplicar un tema visual al evento. Google+ ofrece una colección de imágenes, animadas y estáticas, que tienen relación con las actividades más comunes (reuniones sociales, asistencia a espectáculos, etc.).

Si los temas disponibles no se ajustan a la temática de tu evento, puedes pulsar el botón «Cambiar tema». En el panel que aparece, seleccionando la opción «Tus fotos», Google+ te permite elegir una imagen de tus álbumes.

También puedes utilizar una fotografía de tu ordenador escogiendo la opción «Subir». Debe ser en formato PNG, JPG o GIF y tener unas dimensiones de, al menos, 1.200 x 300 píxeles.

Sea de Google+ o propia, la imagen que selecciones será visible para ti y para otras personas si decides hacer público el evento o enviar invitaciones del mismo.

Configurar los detalles

Siguiendo con los pasos para completar el panel «Crear evento», los más importantes y obligatorios son asignarle un nombre y definir en qué momento se celebrará.

Además de la fecha y hora de inicio, también es posible indicar una hora de finalización. Si no lo haces, Google+ aplicará por defecto una duración de horas al evento.

Como datos opcionales puedes indicar la ubicación y otros detalles adicionales del evento. Al indicar una ubicación, los usuarios invitados al evento no sólo podrán consultarla en Google Maps, sino que además tendrán la opción de obtener indicaciones para llegar al lugar señalado.

Opciones básicas

En este bloque del desplegable «Opciones del evento» puedes decidir si permitirás que los invitados a tu evento puedan extender la invitación a otras personas.

También tienes la posibilidad de activar o no que tus invitados puedan añadir fotos asociadas al evento en el modo «Fiesta».

Opciones avanzadas

Este bloque del desplegable «Opciones del evento» te da acceso a las siguientes posibilidades.

Hangout de Google+. Activando esta opción, tu evento se convierte en la programación de un Hangout con los invitados que selecciones.

Cuando llega la fecha y hora de inicio del evento, estos invitados reciben una notificación de Google+ para que se unan al Hangout del evento.

Convertir este evento en un directo. Con esta opción, Google+ te permite que tu evento pueda ser encontrado y seguido por todo el mundo, aunque la lista de invitados será limitada a las personas que indiques.

Éstas también podrán añadir fotos y comentarlas, salvo que hayas desactivado «Los invitados pueden añadir fotos» en las opciones básicas del desplegable.

Los usuarios que sigan tu evento como espectadores pueden acceder a la página del mismo, conocer su lista de invitados y ver las fotos que se vayan publicando, con la opción de votar +1 en aquellas que les gusten.

Si lo desean también tienen la posibilidad de compartir el evento con otros usuarios para que se unan como espectadores.

Si necesitas que un evento sea en directo, es necesario que lo indiques con esta opción avanzada en el momento de su creación, ya que no es posible solicitarlo *a posteriori*.

Mostrar campos adicionales. Cuando el evento que vas a crear es complejo, puede que los campos básicos sean insuficientes. Activando esta opción podrás ampliar la información inicial. Uno de los campos adicionales está destinado a que puedas incluir un vídeo de YouTube asociado al evento.

Opcionalmente también es posible añadir datos sobre transporte público o aparcamiento que ayuden a tus invitados a llegar a la ubicación definida.

Incluso, si el evento es un espectáculo, otro campo opcional permite indicar la página web en la que se venden las entradas.

Invitar a otros usuarios

Una vez completada la información del evento sólo falta la lista de invitados. Las opciones son similares al resto de casos en Google+. Puedes invitar a círculos específicos, a todos, a contactos concretos, etc.

Una de las ventajas de Google+ Eventos es que incluso puedes invitar a personas que no tengan cuenta en Google +. Esos invitados reciben un mensaje de correo electrónico con los detalles del evento y la posibilidad de responder si podrán o no asistir al mismo.

Los invitados que sean usuarios de Google+ reciben un aviso en sus notificaciones, en su sección «Inicio» y el evento es añadido automáticamente a su sección «Eventos» y su Google Calendar.

Eventos públicos

Al seleccionar con quién deseas compartir tu evento, no sólo puedes elegir tus círculos o contactos. También puedes marcar la opción «Público» para que cualquier persona pueda seguirlo.

Cualquier usuario de Internet tendrá la posibilidad de encontrar el evento en Internet, consultar sus detalles y confirmar asistencia.

Además, podrá añadir comentarios en la página del evento y difundirlo con invitaciones entre sus contactos. Incluso estará autorizado para subir fotos y votar +1 todas aquellas que tengan relación con el evento.

Modificar un evento

Tus eventos pueden sufrir cambios antes de su celebración. Google+ te permite editar los parámetros principales (fecha, ubicación, etc.), así como la lista de invitados que inicialmente hayas definido.

Para hacerlo necesitas acceder a la sección «Eventos» y seleccionar aquel que quieras modificar. En su página de detalles, dirígete al panel «Detalles», acciona el desplegable de la esquina superior derecha y selecciona «Modificar evento». Se mostrará un panel en el que pueden editarse los campos principales del evento.

Si lo que deseas es modificar el listado de invitados, en el mismo desplegable encontrarás la opción «Administrar lista de invitados». Y si solamente quieres añadir nuevos invitados, puedes pulsar el botón «Invitar a más» en la página de detalles del evento.

En el caso contrario, cuando eliminas a un invitado mediante la opción «Administrar lista de invitados», sólo tú como autor del evento puedes volver a invitarlo.

Además de los parámetros básicos y la lista de invitados, el desplegable del panel «Detalles» permite modificar otras opciones del evento. Entre ellas la posibilidad de que los invitados puedan invitar a otras personas, publicar fotos o comentarios.

Los contenidos que ya hubiesen aportado y las invitaciones ya difundidas, no se borran automáticamente. Es necesario que lo hagas manualmente como autor del evento.

Eliminar un evento

Si deseas borrar un evento necesitas acceder a la sección «Eventos» y pulsar el enlace «Borrar» mostrado dentro de la ficha del evento que deseas eliminar.

Una vez eliminado, las fotos y vídeos que pudiera tener asociados dejan de estar compartidas con los que eran invitados.

Pero ello no implica que éstos pierdan aquellas grabaciones e imágenes de las que fueran autores durante el evento. Seguirán disponibles en sus álbumes.

Notificaciones de eventos

Cuando finalizas el proceso de creación de un evento, tus invitados reciben automáticamente una notificación. También son avisados si actualizas los datos sobre el momento en el que se celebrará el evento, su ubicación, la lista de invitados o si finalmente decides eliminar ese evento.

Por defecto, el aviso aparece en el panel de notificaciones de Google+ y también es enviado por correo electrónico, pero los usuarios pueden personalizar estas preferencias accediendo a la configuración de Google+ y modificando las opciones del bloque «Notificaciones» y el sub-bloque «Eventos».

En él cada usuario puede seleccionar si deseas recibir por correo electrónico y/o mensajes SMS en su móvil los siguientes tipos de notificaciones.

• Invitaciones o actualizaciones de eventos.

• Recordatorios sobre eventos a los que me han invitado: aviso un día antes de su celebración, en el momento en el que comienza un evento con Hangout o recordatorio para añadir fotos relacionadas.

• Actividad en los eventos que has creado: respuestas a tus invitaciones y qué nuevos comentarios y fotos se han añadido al evento.

Colecciones de fotos y vídeos del evento

Google+ Eventos permite que las fotos y vídeos que tú y el resto de invitados realicéis durante la duración de un evento, queden automáticamente asociados al mismo y compartidos entre vosotros.

Si el evento es público o en directo, las fotos y vídeos que los usuarios añaden son visibles para todo el mundo.

La forma más directa de añadir fotos y vídeos a un evento durante su celebración es pulsar el botón «Añadir fotos» en la zona superior de su página. Además, la aplicación Google+ para Android cuenta con una característica denominada «modo fiesta».

Cuando comienza un evento y está activada, todas las fotos y vídeos que captures con tu dispositivo se añaden automáticamente a la colección del evento.

Si esa colección está asociada a un álbum, las fotos y vídeos que se añadan a éste también serán visibles en la página del evento y compartidos con todos los invitados.

Para ver una presentación con la colección de fotos y vídeos de un evento, accede a su página, pulsa sobre cualquier imagen para abrirla en vista *lightbox* y pulsa el botón «Presentación».

Organizar una colección

A medida que las fotos y vídeos aportados al evento van apareciendo en su página, también se muestran en el lateral derecho de ésta los nombres de quienes las están añadiendo. En ese mismo lateral aparece un listado de los usuarios que han sido etiquetados en las fotos del evento.

Puedes ordenar la colección de fotos utilizando esa clasificación: por autores o por personas etiquetadas. Para ello, pulsa el botón «Ver todo» correspondiente al área «Fotógrafos» o «Etiquetados».

Además, si pulsas sobre la foto de un fotógrafo, Google+ te muestra todas las imágenes que ha añadido al evento. Si realizas la misma acción seleccionando la foto de un usuario etiquetado, puedes ver todas las imágenes de ese evento en las que aparece.

Eliminar fotógrafos

En el caso de que desees inhabilitar la posibilidad de que un invitado añada fotos a la colección de un evento, la solución pasa por eliminarlo de la lista de invitados.

Puedes hacerlo entrando en la página del evento, dirigiéndote a su panel «Detalles» y seleccionando «Administrar lista de invitados» en el desplegable superior derecho.

Eliminar fotos y vídeos

Cuando eres el autor de un evento, tienes la posibilidad de eliminar tanto tus fotos y vídeos como los de tus invitados. En ambos casos necesitas seleccionar la imagen o grabación que quieres eliminar para abrirla en vista *lightbox*. Pulsa entonces en el icono de la papelera que aparece en la zona superior.

Hangouts

Los *hangouts* permiten realizar videollamadas en directo con hasta diez participantes. En cuentas Google+ creadas con *Google Apps for Business* o *Google Apps for Education*, la cifra de posibles participantes es de quince.

Iniciar un *hangout*

Los *hangouts* son una de las funciones estrella de Google+, por lo que es posible iniciarlos desde diferentes puntos de su estructura.

- Desde el lateral derecho de todas las secciones de Google+.
- Desde el panel «Hangouts» de Gmail.
- Desde el perfil de un usuario con el que deseemos hablar, pulsado el icono del bocadillo de conversación junto a su nombre.

En los dos primeros casos, necesitas seleccionar con qué usuario/s deseas iniciar la conversación, sea esta chat o videollamada.

También puedes pulsar el botón «Iniciar una Hangout Party» en la zona inferior del lateral derecho dedicado a *hangouts*. Con ello anunciarás a tus contactos que estás libre para iniciar una conversación.

Por último, Google+ no sólo ofrece la posibilidad de crear videollamadas múltiples. También permite retransmitirlas en directo vía YouTube para que otros usuarios puedan seguir sus contenidos como espectadores.

Esta modalidad   recibe el nombre de «Hangouts en directo». Pueden iniciarse desde la navegación principal y las veremos más adelante en este capítulo.

Invitar

Tomando como punto de partida el lateral derecho de Google+, el primer paso para iniciar un *hangout* es invitar a otros usuarios.

Para ello puedes pulsar en la caja superior «Nueva conversación» e introducir los nombres de los círculos o contactos a los que deseas invitar.

Una vez completes ese paso, Google+ te ofrece dos posibilidades: chatear con tus invitados o compartir con ellos una videollamada. Optaremos en esta explicación por la segunda opción para descubrir todas las posibilidades de Google+ Hangouts.

Aplicaciones

Al iniciar un *hangout* éste se abre en una ventana nueva completamente dedicada al desarrollo de la videollamada, con opciones adicionales para enriquecerla.

Chat

Esta opción muestra un panel en el que puedes compartir contenidos de texto con el resto de participantes de la videollamada. Resulta especialmente útil para poner en común direcciones web o referencias breves relacionadas con la conversación.

Compartir pantalla

Gracias a esta función puedes compartir lo que ocurre en la pantalla de tu ordenador con los demás participantes del *hangout*.

Al pulsar el botón «Compartir pantalla», un panel emergente te permite seleccionar cuál de las ventanas activas de tu ordenador deseas poner en común.

Por ejemplo, puede servirte para compartir tu escritorio, la aplicación de procesamiento de textos en la que estás escribiendo o el navegador web con las páginas que estás visitando.

En cualquier momento puedes desactivar esta opción pulsando de nuevo el botón «Compartir pantalla».

Foto

Esta función permite a los participantes realizar una captura de pantalla del *hangout* en curso. Puede resultar especialmente útil si en la videollamada se está compartiendo material gráfico relevante.

Google Drive

Uno de los puntos fuertes de los *hangouts* es su integración con Google Drive. Gracias a ella puedes editar colaborativamente documentos ofimáticos (textos, hojas de

cálculo, presentaciones u organigramas) mientras
mantienes una videollamada.

Al elegir «Google Drive» en el panel izquierdo, Google+
muestra una ventana con dos áreas. En la superior, dos
botones te dan la posibilidad de crear documentos nuevos
para compartir con los participantes del *hangout*.

En el área inferior tienes acceso a la interfaz de tu
cuenta Google Drive. Por tanto, puedes poner en común
documentos que hayas creado anteriormente e incluso
subir nuevos desde tu ordenador mediante la pestaña
«Subir».

Si el documento que eliges de tu Google Drive no está
compartido previamente con los participantes del *hangout*,
Google+ te consultará si quieres darles permisos para que
puedan editarlo contigo.

Al igual que en Google Drive, también tienes la opción
de limitar esos permisos, permitiendo la visualización pero
no la edición.

YouTube

Esta aplicación, igualmente disponible en el lateral izquierdo de tu *hangout,* te permite construir una lista de reproducción de vídeos para visualizarlos junto al resto de participantes.

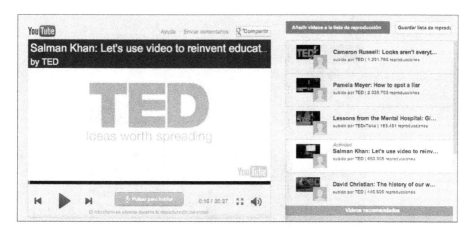

Simplemente es necesario pulsar el botón «Añadir vídeos a la lista de reproducción», buscar los vídeos deseados e ir incorporándolos al listado. Una vez finalizado se puede almacenar para futuras videollamadas mediante el botón «Guardar lista de reproducción».

Cuando inicies la reproducción, el resto de participantes sólo verá los vídeos y no la interfaz en la que haces las búsquedas o gestionas la lista.

Durante la reproducción de los vídeos, los participantes pueden anular temporalmente el audio original para compartir sus propios comentarios. Se consigue mediante el botón «Pulsar para hablar» que debe mantenerse presionado mientras se hace el comentario. Al liberarlo se retoma el audio original del vídeo.

Instalar más aplicaciones

Progresivamente, Google+ está incorporando un catálogo de aplicaciones a los *hangouts* para que puedas utilizarlos junto al resto de participantes mientras celebráis la videollamada.

Para instalarlas en tus *hangouts* necesitas pulsar el botón «Añadir aplicación» y seleccionar la que desees en el panel que se muestra con el catálogo de aplicaciones disponibles. Las siguientes pueden resultarte especialmente útiles.

Remote desktop (escritorio remoto)

Esta aplicación te permite acceder remotamente al ordenador de otro usuario con el que estés manteniendo un *hangout*, siempre que conceda su aprobación para ello.

Además no requiere la instalación de ningún componente ni en tu ordenador ni en el del otro usuario. Por ejemplo, puede ayudarte a ofrecer asistencia técnica mientras dialogas mendiante videollamada con el usuario.

SlideShare

Al añadir esta aplicación a tu *hangout*, cuentas con la posibilidad de buscar presentaciones en SlideShare y verlas junto al resto de participantes mientras compartís impresiones mediante videollamada.

Hangout toolbox

Puedes usar esta aplicación para dar un aspecto profesional a tu *hangout*. Al activarla se añade un panel en el área derecha de la pantalla.

La primera pestaña de ese panel, identificada como "Lower third", te permite añadir los siguientes elementos visuales a la señal de vídeo que ofrezca tu cámara web.

- Una franja en el tercio inferior de la imagen que incluya tu nombre, tu cargo y el logo de tu empresa-institución.

- Una transparencia personalizada que puedes ubicar en las esquinas de la imagen, ofreciendo un aspecto similar a las *moscas* televisivas.

- Un reloj digital sobre impresionado para videollamadas en las que el tiempo sea una referencia importante.

Configuración

En cualquier momento durante el desarrollo de un *hangout* puedes comprobar o modificar sus condiciones técnicas. Para ello, pulsa el icono de la rueda dentada en la esquina superior derecha.

Al hacerlo, Google+ presenta un panel en el que puedes configurar los dispositivos utilizados para la entrada de vídeo y audio, así como la salida de éste último. También puedes indicar a Google+ la velocidad de tu conexión, para que ajuste la calidad de tu *hangout* al ancho de banda disponible.

Requisitos técnicos

En el momento de editar este libro, Google ha documentado los siguientes requisitos para Google+ Hangouts.

Navegadores

Hangouts es compatible con la versión actual (y futuras) y las dos principales versiones anteriores de los navegadores que se indican a continuación.

- Google Chrome,
- Microsoft Internet Explorer (IE),
- Mozilla Firefox,
- Safari.

Sistemas operativos

Hangouts es compatible con la versión actual (y futuras) y las dos principales versiones anteriores de los sistemas operativos que se indican a continuación.

- Mac OS X,
- Windows,
- Windows Vista,
- Windows XP,
- Chrome OS,
- Ubuntu y otras distribuciones Linux basadas en Debian.

Especificaciones para videollamadas

Hangouts presenta algunas especificaciones y limitaciones para las videollamadas.

- Un *hangout* puede incluir un máximo de 10 participantes. Si tienes *Google Apps for Business* o *Google Apps for Education*, puedes realizar vídeo-llamadas con hasta 15 participantes.
- Cada 150 minutos se comprueba que el usuario continúa activo en el *hangout*.
- Se necesita una conexión de banda ancha a Internet.

Ancho de banda

- Para conexiones 1:1, se recomienda 1 Mbps/1 Mbps (subida/bajada).
- Para conectividad de vídeo en grupo, se recomienda 1 Mbps/2 Mbps (subida/bajada).

Este listado de requisitos puede sufrir futuros cambios. Google lo mantiene actualizado en la sección de ayuda de Google+[1].

La visibilidad de tus *hangouts*

Cuando participas en un *hangout*, otros usuarios pueden enterarse de ello.

- Tus contactos. Cuando les invites, en su sección «Inicio» les aparecerá una novedad sobre el *hangout* y los usuarios que en ese momento estén participando en él.
- Desconocidos. Si los usuarios invitados a un *hangout* comparten su dirección web con otros usuarios de Google+, personas que quizá desconozcas podrían unirse a ese *hangout* y descubrir que tú participas en él.

Los Hangouts de Google+ no son cerrados. Los usuarios a los que hayas invitado inicialmente puede compartir o publicar el enlace del *hangout*.

De este modo, permitirán que otros usuarios de Google+ puedan unirse a ese *hangout*, aunque tú no los hayas invitado. En ningún caso podrás echar a un usuario de un *hangout*.

---

[1] «Requisitos del sistema para Hangouts». Ayuda de Google+. http://bit.ly/1ap5MDI

Chat

Entre las opciones de comunicación disponibles en Google+ también está el chat, que permite comunicarte con tus contactos mediante mensajes instantáneos.

Google+ construye automáticamente tu lista de contactos para el chat sirviéndose de aquellos que ya hayas permitido en servicios como Gmail, iGoogle o Google Talk.

Si quieres utilizar el chat con alguien que no figure en tu lista, escribe su dirección de correo electrónico en la caja «Nueva conversación» del lateral derecho dedicado a *hangouts*. El destinatario recibirá una invitación que podrá rechazar o aceptar, añadiéndote a su lista de chat.

Bloquear a contactos

Puedes bloquear a un contacto en el chat para evitar que pueda comunicarse contigo o verte cuando inicies sesión para chatear con otros contactos.

Para aplicar el bloqueo es necesario completar los siguientes pasos.

1. En el panel «Hangouts», selecciona al usuario que deseas bloquear. Con ello se abre la ventana de chat pero Google+ no notificará nada a la otra persona, salvo que comiences a escribir algún mensaje.

2. Pulsa la rueda de configuración en la zona superior de la ventana y elige la opción «Bloquear a *usuario*».

Las consecuencias en Google+ son las siguientes.

- La persona que hayas bloqueado se eliminará de tus círculos.

- No podrás ver ni comentar ningún contenido suyo ni viceversa.

- Pero aún podréis ver las publicaciones públicas de cada uno.

Si deseas deshacer el bloqueo, introduce la dirección de e-mail del contacto bloqueado en la caja «Nueva conversación» del lateral derecho dedicado a *hangouts*. Cuando Google+ te muestre su nombre sitúa el cursor encima. En la ficha del usuario aparecerá el botón «Bloqueado», pero pulsándolo tendrás la posibilidad de desbloquearlo.

Registro del chat

Los usuarios que ya utilizaban Gmail, pueden tener un historial de chat, donde habrán quedado almacenadas las conversaciones que hayan mantenido con otros usuarios.

Para revisarlas una vez finalizadas es necesario seleccionar la opción «Chats» en el menú izquierdo de Gmail. Se mostrará un listado con todas las sesiones de chat registradas.

Si deseas inhabilitar ese registro al chatear con un contacto, pulsa la rueda de configuración en la zona superior de la ventana de chat y desactiva la casilla «Historial conversación».

Al desactivar esta opción, la conversación con ese contacto no se guardará ni en tu historial ni en el suyo. Ambos seréis notificados de la inhabilitación del registro y así quedará configurado para futuros chats con ese contacto, hasta que uno de los dos decida modificarlo.

Hangouts en directo

El acceso a esta sección está en la navegación principal de Google+. La diferencias con los *hangouts* normales es que en este caso la videollamada también se retransmite en directo vía YouTube.

Por tanto, para poder realizar la emisión, debes conectar tu cuenta de YouTube con tu página o tu perfil personal de Google+.

Dar un nombre

La ventana emergente que Google+ muestra al iniciar Hangouts en directo permite configurar sus parámetros esenciales.

Identifica tu *hangout* en la caja «Asigna un nombre a la conversación de Hangouts en directo». Intenta que sea un nombre muy específico. Si es genérico podría coincidir con el que otro usuario haya asignado ya a un *hangout* en curso.

En ese caso, Google+ te añadiría como participante de ese *hangout* en vez de crear el tuyo. Puedes usar esta técnica premeditadamente para unirte a *hangouts* cuyo nombre conozcas previamente.

Otro método para sumarte a *hangouts* creados por otros es que alguno de los participantes te invite o comparta contigo la dirección web del *hangout* en curso, siempre que no se haya completado el límite de plazas.

Invitar a participantes

Una vez asignado un nombre al *hangout*, utiliza la caja «Añade nombres, círculos o direcciones de correo electrónico» para invitar a otros participantes.

Recuerda que un *hangout* está limitado a diez participantes. La cifra aumenta a quince si el *hangout* es lanzado por una cuenta en *Google Apps for Business* o *Education*.

Completados los pasos anteriores, sólo hay que pulsar «Iniciar una conversación de Hangouts en directo» para que Google+ lance la ventana dedicada a *hangouts*. En ese momento ya puedes hablar con el resto de participantes, pero la emisión en directo vía YouTube no comenzará hasta que pulses el botón «Iniciar emisión» en la zona superior.

Aplicaciones

Al igual que las *hangouts* normales, las que permiten emisiones en directo cuentan con una serie de aplicaciones que pueden utilizarse durante la videollamada.

Además de las aplicaciones genéricas (Compartir pantalla, YouTube, Google Drive, etc.), Hangouts en directo ofrece dos aplicaciones especiales.

Cameraman. Da la posibilidad al organizador del *hangout* de configurar la emisión, activando o no los siguientes puntos.

- Silenciar el audio y ocultar el vídeo de la emisión a medida que los invitados se unen.
- Emitir el vídeo a pantalla completa para los espectadores en YouTube y ocultar las otras fuentes de vídeo.
- Silenciar a los invitados de una emisión cuando ésta supera los tres participantes.

Preguntas del público. Al activar esta aplicación los espectadores del *hangout* pueden plantear preguntas a los participantes. Estas preguntas van apareciendo en el lateral derecho de la ventana del *hangout*.

Los participantes pueden marcar el momento en el que responden cada pregunta. De este modo, los usuarios que vean el *hangout* en diferido podrán acceder cómodamente a los momentos en que cada consulta fue respondida.

Insertar la emisión de un *hangout* en una web

En la zona superior de la ventana del *hangout* puedes encontrar el enlace «Insertar». Al pulsarlo, Google+ te ofrece dos posibilidades.

- YouTube. Te proporciona un enlace a la página del portal de vídeos donde los espectadores pueden seguir la emisión en directo. Puedes compartir ese enlace con la audiencia que desees.
- HTML. Te aporta una línea de código que puedes añadir a una página web. Gracias a ello, los espectadores pueden seguir la emisión en directo en esa página sin necesidad de visitar YouTube. Lo idóneo

es insertar el código en una página que pertenezca a tu sitio web.

Diferido de un *hangout*

Al finalizar un *hangout* en directo, YouTube lo guarda automáticamente en el canal del organizador. De esta forma, las personas interesadas en los contenidos del *hangout* podrán consumirlos en diferido cuando deseen.

Hangouts en directo de terceros

Además de lanzar tus propios *hangouts* en directo, también tienes la posibilidad de ser espectador de los organizados por terceros.

Cuando seleccionas la sección «Hangouts en directo» en el menú principal de Google+, la zona central de la pantalla te muestra que *hangouts* están en desarrollo.

Bajo cada imagen aparece el título de la videollamada, el nombre del organizador y el número de participantes. Sólo necesitas pulsar sobre el *hangout* que te interese para unirte como espectador.

Local

En esta sección los usuarios pueden encontrar páginas de lugares y negocios locales con presencia en Google+. Cada negocio puede configurar su página para ofrecer información esencial (ej.: ubicación, fotos, horarios, etc.). Los usuarios, además de visitar las páginas, pueden contribuir aportando sus reseñas sobre ese lugar o negocio.

Anteriormente Google Places cumplía estas funciones. Google+ Local lo sustituye y añade características. Ahora la información de los negocios está unificada en páginas de Google+ que los usuarios pueden votar y seguir.

Además, ya no sólo tienen acceso a las reseñas de otros usuarios, sino que pueden conocer las aportadas por sus propios círculos.

Como puedes descubrir en el apartado «Puntuaciones y reseñas» de este capítulo, Google+ Local también mejora el modelo de puntuaciones sobre negocios locales gracias a la integración de Zagat.

Para lograr presencia en Google+ Local, un negocio necesita crear su página en Google+ eligiendo la categoría «Negocio local» en el proceso de alta. Si previamente ya utilizaba Google Places, sus datos serán migrados al formato de página y aparecerán en Google+ Local automáticamente.

El objetivo de Google es que todas las búsquedas de negocios locales, solicitadas en su buscador o en Google Maps, dirijan al usuario a Google+ Local.

Opciones de búsqueda

Cuando accedes a la sección Local, Google+ te muestra automáticamente los negocios cercanos a tu ubicación en ese momento. Si deseas encontrar lugares concretos, en esta sección Google+ ofrece un buscador ampliado y dividido en dos cajas.

La primera está destinada al «qué buscas» y en ella puedes ser específico o genérico. Por tanto, tienes la opción de introducir el nombre concreto de un lugar que ya conoces o de buscar resultados generales (ej.: «restaurantes italianos», «tiendas de muebles», etc.).

La segunda caja está dedicada al «dónde buscas». Por defecto, Google+ rellena esta casilla con el nombre de tu localidad, pero puedes introducir el lugar que desees e incluso el código postal de un área.

Además del buscador, Google+ Local permite filtrar los resultados mostrando sólo aquellos sobre los que hayan opinado tus círculos.

Para ello, una vez realizada una búsqueda, es necesario pulsar la opción «Tus círculos» en la zona superior de la pantalla.

Puntuaciones y reseñas

En septiembre de 2011, Google compró Zagat[1]. Es una guía con evaluaciones de usuarios sobre negocios, principalmente del sector hostelero. Pronto comenzó a integrarla en servicios como Google Maps para ofrecer información adicional sobre restaurantes, hoteles, *pubs*, comercios, teatros, etc.

Esta integración también ha llegado a Google+ Local, combinándose con su sistema de puntuaciones y reseñas. Los lugares que han recibido opiniones y/o valoraciones por parte de los usuarios o aquellos que ya contaban con datos en Zagat muestran un panel con esa información.

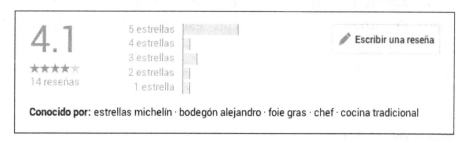

En el panel se recogen las puntuaciones recibidas con una media de las mismas, un enlace al listado de reseñas recibidas y un botón para que el usuario pueda aportar su propia reseña.

Las opiniones que añadas son públicas y aparecen acompañadas de tu identificación en Google+. Al pulsar el

---

[1] "Google just got ZAGAT Rated!". Google - Official Blog. 8 de septiembre de 2011. http://bit.ly/NyqDDR

botón para escribir tu reseña se presenta un panel dedicado a ello.

En agosto de 2012, Google compró el negocio de guías de viaje Frommer's a la editorial estadounidense Wiley & Sons[2]. Su objetivo es sumar la información de estas guías a la que ya ofrecen con Zagat, para mejorar los resultados en las búsquedas locales o relacionadas con viajes.

Reseñas de expertos

Además de consultar las reseñas sobre un lugar aportadas por otros usuarios o por personas de tus círculos, Google+ Local también ofrece la posibilidad de consultar opiniones aportadas por expertos. Esta información está disponible en la opción «De los expertos» en la navegación superior. Google considera expertos a los usuarios que más reseñas aportan y con más frecuencia lo hacen.

---

[2] "Google buys Frommer's travel guide business". BBC News Business. 13 de agosto de 2012. http://bbc.in/N8MYHy

En agosto de 2013 lanzó un servicio para clasificar mejor a estos usuarios y reconocer su trabajo. El servicio se llama Google City Experts[3]. Aún sólo está disponible en las ciudades indicadas en su web y pretende premiar a estos usuarios activos con acceso a eventos exclusivos en su área.

Google+ Local y SEO para negocios

En 2011 Google anunció que el 20 % de las consultas que recibía su buscador demandaban información local[4]. Ten en cuenta que en verano de 2012, Google procesaba más de 3.000 millones de consultas... cada día[5].

En junio de 2013, el 90 % de las búsquedas mundiales en Internet se hacían en Google y la cifra en España llegaba casi al 96 %[6]. Tan importante o más es su cuota de mercado como buscador desde dispositivos móviles. Mundialmente es del 94 % y en España alcanza el 98 %.

Por tanto, el 20% de miles de millones de búsquedas diarias, están demandando información local desde ordenadores y dispositivos móviles.

A ello hay que añadir que también Google Maps tiene una posición privilegiada para explotar esa demanda, especialmente en dispositivos móviles. Cuando los usuarios necesitan localizar un servicio cercano lo hacen utilizando

---

[3] "Google Maps - Google City Experts". http://bit.ly/19WvsTF

[4] "Google Maps for mobile crosses 200 million installs; in June it will surpass desktop usage". Techcrunch. 25 de mayo de 2011. http://tcrn.ch/MXnbaU

[5] "Chart of the day: Google Search is still growing". Business Insider. 9 de julio de 2012. http://read.bi/NPuQp2

[6] StatCounter global stats. De junio de 2012 a junio de 2013. http://bit.ly/1e6l0w7

estos dispositivos y Google Maps es la aplicación más utilizada del mundo[7].

Considerando lo anterior, recuerda que el objetivo de Google es que todas las búsquedas de negocios locales, realizadas en su buscador o su servicio de mapas, puedan desembocar en Google+ Local.

Por tanto, que un negocio local tenga página en Google+ puede ayudar objetivamente a mejorar su visibilidad en Internet. Los negocios que han completado ese paso, ya disfrutan ventajas concretas en la página de resultados de Google.

Mapa genérico

Cuando consultas genéricamente un negocio (ej.: «Hoteles en Granada»), Google muestra un mapa en el lateral derecho con los negocios cuyos datos de Google+ Local coincidan con tu búsqueda.

Ficha básica

Si buscas un negocio concreto y éste tiene presencia en Google+ Local, se muestra su ficha básica (ubicación, fotos, horarios, etc.) en el lateral derecho de los resultados.

Puntuaciones y reseñas

Si en tu consulta hay negocios que cuentan con valoraciones y opiniones en Google+ Local, éstas también se muestran bajo la descripción de cada resultado de búsqueda.

---

[7] "The 10 most frequently used smartphone apps". Mashable. 5 de agosto de 2013. http://on.mash.to/16wAkPm

Opiniones de tus círculos

Cuando buscas negocios locales sobre los que tus contactos han opinado en Google+ Local, sus opiniones aparecen acompañando a los resultados de búsqueda que obtengas.

Google+ Local es indexado

Hay un último pero importante punto que une los resultados de búsqueda de Google y la información de Google+ Local. Todos los datos y valoraciones sobre lugares y negocios locales son indexadas por Google para su buscador principal. El viejo Google Places no contaba con esta característica, que puede ser relevante para el SEO de restaurantes, hoteles, comercios y cualquier otro tipo de negocio local.

Si un negocio ya cuenta con sitio web propio y además presencia en Google+ Local, tiene la posibilidad de enlazar ambos recíprocamente para aumentar su visibilidad en Internet.

En el sitio web puede incluir un *badge* que apunte a su página en Google+ y en ésta un enlace a su sitio web. Para crear un *badge* no olvides consultar el apartado «Promocionar tu página» del capítulo «Páginas».

Botón +1

El botón +1 te ofrece las siguientes posibilidades.

- Indicar rápida y fácilmente que has disfrutado un contenido para recomendarlo públicamente.
- Si lo deseas, compartir además esa recomendación con tus círculos de Google+.
- Mejorar los resultados de tus búsquedas sociales en Google.

Desde su puesta en funcionamiento, Google ha intentado que el botón +1 sea omnipresente en todos sus servicios. Por ello, su utilización incluso es posible en los propios resultados de búsqueda de Google o en los anuncios de su sistema publicitario.

En el apartado «+1s» de tu perfil puedes consultar y administrar todos los +1 que hayas hecho.

Además, Google+ ofrece la posibilidad de insertar el botón +1 en tus sitios web utilizando una herramienta específica para su configuración[1].

Así los usuarios que visiten tus contenidos tienen la posibilidad de votarlos, compartirlos fácilmente con sus círculos e incluso encontrarlos mejor posicionados al buscarlos en Google.

Qué ocurre al pulsar el botón +1

Al hacer +1 en un contenido, tu voto se muestra siempre públicamente como una anotación de ese contenido. Por tanto, es recomendable pulsar el botón +1 únicamente en contenidos que no te importe recomendar a todo el mundo.

Por otro lado, tus votos se van añadiendo al apartado «+1s» de tu perfil. Recuerda que este apartado es privado, salvo que desees hacerlo público siguiendo los pasos indicados en el apartado «Gestiona tus +1s» de este capítulo.

Google también utiliza tus votos +1 y los de tus círculos para mejorar los resultados de tus búsquedas sociales. En este tipo de búsqueda, Google incluye en la página de resultados referencias a contenidos o recomendaciones que tus contactos hayan hecho sobre el objeto de la búsqueda.

Por último, si no eres usuario de Google+, puedes utilizar igualmente el botón +1 para recomendar contenidos y resultados de búsqueda. Tu actividad no queda recogida en ningún perfil, pero sí es utilizada por Google para optimizar su funcionamiento.

---

[1] Google Developers - Configuración de botón +1. http://bit.ly/qXaZ5e

Gestiona tus votos +1

El voto positivo realizado al pulsar el botón +1 puede deshacerse pulsando de nuevo el mismo botón. Para administrar todos tus votos necesitas ir al apartado «+1s» de tu perfil.

Esta pestaña es privada, salvo que desees hacerla pública accediendo a la configuración de Google+ (google.com/settings/plus) y activando la casilla «+1».

Si deseas deshacer un +1 respecto a un contenido que ya no quieres recomendar, en el mismo apartado «+1s» de tu perfil, haz click en la «X» que acompaña al voto que deseas eliminar.

NOTA. Si además de votar +1 a un contenido lo has compartido, la publicación asociada no desaparecerá al deshacer el +1. Para eliminar la publicación, tendrás que buscarla y luego seleccionar «Eliminar publicación» en su desplegable superior derecho.

Tus votos +1 fuera de Google+

Es posible personalizar el funcionamiento que tus votos +1 tienen en sitios que no pertenecen a Google. Para ello, puedes acceder a la configuración de Google+ (google.com/settings/plus) y pulsar el enlace «Editar» en el punto «+1 en sitios que no son de Google».

Google+ te presenta una pantalla en la que puedes habilitar o no que Google utilice tus votos +1 y otros datos de tu perfil para personalizar contenidos y anuncios en otros sitios web.

Al activar esta opción, cuando visites un contenido que previamente hayan recomendado tus círculos, verás sus recomendaciones junto al botón +1.

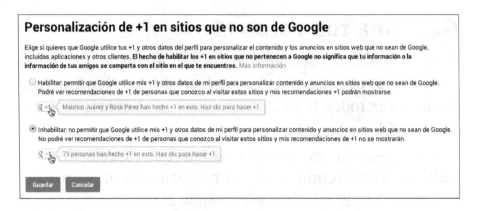

En caso de ser deshabilitada, Google recoge el voto sin compartir la información con los sitios web externos.

Conexiones sociales y +1s

Pese a que todos tus votos +1 son públicos, Google+ analiza tus conexiones sociales para determinar cuáles de tus contactos pueden beneficiarse más de tus recomendaciones y mostrarte igualmente las que ellos hagan y puedan interesarte. Por tanto, es importante saber que Google considera como conexiones sociales:

1. los contactos de tu lista de chat de Gmail / Google Talk,

2. los contactos del grupo «Mis contactos» de Contactos de Google,

3. las personas de tus círculos de Google+,

4. las personas a las que seguías en Google Reader y Google Buzz.

Si deseas ver los +1 de determinados usuarios, necesitas añadirlos a uno de los puntos anteriores. O hacer lo contrario si no quieres ver más las recomendaciones de un contacto concreto.

Teniendo en cuenta lo anterior, poder ver los votos +1 de otra persona no implica que ella pueda ver los tuyos, dado que puedes estar fuera de sus conexiones sociales.

Aunque Google+ da prioridad a estas conexiones sociales, ocasionalmente verás anotaciones de +1 de desconocidos e igualmente se mostrarán a personas desconocidas algunos de tus +1. Esto es así porque Google considera que determinadas recomendaciones pueden resultarte útiles, aunque provengan de personas con las que no estás conectado.

NOTA. Es importante destacar que Google también utiliza tus conexiones sociales para la búsqueda social. En este tipo de búsqueda, Google incluye en la página de resultados referencias a contenidos o recomendaciones que tus contactos hayan hecho sobre el objeto de la búsqueda.

Notificaciones

Cuando suceden acciones relacionadas contigo en Google+, recibes notificaciones que aparecen contabilizadas junto al icono de una campana en la zona superior derecha de Google+. Al hacer click en en el icono se muestra un panel emergente con un resumen de las últimas notificaciones.

Además de ser presentadas en ese área, puedes configurar si también deseas recibir las notificaciones por correo electrónico y/o mensajes SMS (aún sólo disponible en EE.UU.).

Para ello accede a la configuración de Google+ (google.com/settings/plus) y configura a tu gusto las casillas del bloque «Notificaciones».

Quién puede enviarte notificaciones

Google+ no sólo te da la posibilidad de elegir cómo deseas recibir las notificaciones, también te permite decidir quién puede enviártelas.

Para personalizar este punto debes acceder la configuración de Google+ y seleccionar la opción que desees en el bloque «Quién puede interactuar contigo y con tus publicaciones».

Si tienes una cuenta Google+ muy activa, esta función te evitará enfrentarte a una avalancha de notificaciones que provengan de contactos poco relevantes para ti.

Las personas que selecciones podrán enviarte diferentes tipos de notificaciones:

- cuando compartan una publicación contigo,
- cuando te mencionen en una publicación o comentario,
- cuando te inviten a un *hangout*.

Notificaciones de tus acciones

Al realizar determinadas acciones en Google+, tú también generas notificaciones para tus círculos. Las acciones que las desencadenan son las siguiente.

- Añadir a una persona a un círculo.
- Etiquetar a una persona en una foto.
- Comentar una de sus publicaciones.
- Compartir una publicación con ella.

En cualquier caso, tus contactos también pueden modificar su configuración de notificaciones para no recibir las que procedan de ti.

Configuración

Para acceder a la configuración general de Google+, pulsa sobre tu imagen de usuario en la esquina superior derecha y selecciona el enlace «Cuenta». También puedes acceder directamente dirigiéndote a google.com/settings/plus.

Vista general de la cuenta

En este apartado puedes configurar parámetros básicos de tu cuenta.

Correo electrónico

En este punto, salvo que seas usuario de Google Apps, puedes añadir direcciones alternativas, además de tu dirección de correo electrónico principal. Te ayuda, por ejemplo, a recuperar tu contraseña si la olvidas o pierdes.

Necesitas tener en cuenta las siguientes excepciones.

- No es posible cambiar la dirección de correo electrónico de tu cuenta por una dirección de Gmail existente. Pero sí es posible añadir una dirección de Gmail a tu cuenta de Google.
- Para convertir tu dirección de correo electrónico alternativa en la nueva dirección principal, es necesario borrarla antes como dirección alternativa.
- La dirección de correo electrónico nueva deberá tener una bandeja de entrada válida y activa a la que puedas acceder sin problemas.

Idioma

El idioma que selecciones en este punto se aplicará a todos los sitios y servicios de Google a los que accedas con tu cuenta, salvo aquellos que aún no estén disponibles en ese idioma.

Para esos casos, Google+ te permite definir otros idiomas que serán utilizados en el orden de preferencia que indiques. Puedes incluir los que desees pulsando el enlace «Añadir» y seleccionándolos en el desplegable correspondiente.

Administración de la cuenta

Existen dos métodos para reducir o eliminar totalmente tu perfil y funciones de Google+.

- Eliminar el contenido de Google+. Al hacerlo se borra tu perfil, los círculos, las publicaciones y resto de contenidos de Google+. Pero mantienes el acceso a la mayoría de servicios de Google.
- Eliminar el perfil completo de Google. Pierdes tu acceso a todos sus servicios y tus datos almacenados

en ellos (ej.: correo en Gmail o documentos en Google Drive) son eliminados.

Descargar tus datos

Trabajar y almacenar información en la nube tiene innumerables ventajas, pero puede que quieras o necesites tener copias de tus datos en tu ordenador.

Google+ te ofrece la opción de descargar copias de seguridad de los datos de tu perfil, de tus contactos, de tus círculos, de tus fotos y de tus publicaciones.

Puedes descargar simultáneamente todos esos datos pulsando el botón «Descargar tus datos» o elegir únicamente los correspondientes a un servicio específico.

Esta función de copias de seguridad es conocida como Google Takeout y, si lo deseas, también puedes utilizarlo fuera de Google+ accediendo a la siguiente dirección: google.com/takeout.

Seguridad

Ofrece la posibilidad de configurar los siguientes puntos.

- Contraseña. Permite modificar la contraseña actual.
- Opciones de recuperación. Da la opción de definir un teléfono y dirección de correo electrónico para la recuperación de tu cuenta si pierdes la contraseña.
- Notificaciones. Facilita la configuración para el envío de notificaciones.
- Aplicaciones y sitios conectados.
  Proporciona un listado de los servicios, aplicaciones y sitios web que cuentan con autorización para conectarse a tu cuenta Google. En todo momento

puedes eliminar sus permisos pulsando el enlace «Revocar acceso» que acompaña a cada uno.

Perfil y privacidad

Gracias a este apartado es posible determinar el grado de privacidad que Google+ aplica a los contenidos que compartes y su nivel de visibilidad.

Si deseas comprobar todos los datos que Google almacena sobre ti, puedes acceder al Panel de control pulsando el botón «Acceder al panel» o ir a la dirección web google.com/dashboard.

Google+

Apartado dedicado a configurar quién puede interactuar contigo, cómo deseas recibir tus notificaciones o qué parámetros básicos quieres aplicar a tus fotos.

Herramientas extra

Importar contactos desde Facebook

Con Google+ es fácil importar tus contactos desde Hotmail o Yahoo!, pero Facebook tiene restringida la posibilidad de hacer esa operación.

Sin embargo, sí permite exportar tus contactos a Yahoo! Así que la clave es usar Yahoo! como puente. Es decir, exportar de Facebook a Yahoo! para luego importar de éste a Google+.

El primer paso es tener una cuenta Yahoo! Si no tienes una, puedes conseguirla gratuitamente en mail.yahoo.com. Una vez creada, accede a ella, selecciona «Contactos» en la navegación superior y pulsa el botón «Importar contactos».

De las opciones ofrecidas, elige Facebook y accede a tu cuenta en esta red social. Facebook te consultará si deseas dar permiso a Yahoo! para importar tus contactos. Acepta y espera a que se complete el proceso.

El siguiente paso es acceder a la sección «Personas» de Google+. Selecciona la opción «Conectar servicios» y haz click en Yahoo! Autoriza el acceso a los contactos y comenzará el proceso de importación.

Todos los contactos importados aparecerán en el área «Sugerencias» y podrás organizarlos en tus círculos como desees.

Integración con Facebook y Twitter

Extended share

Esta extensión para Google Chrome te permite compartir tus publicaciones de Google+ en Facebook, Twitter y LinkedIn (bit.ly/lYid6i).

Gooce+

Esta extensión para Mozilla Firefox y Google Chrome integra tus líneas de tiempo de Facebook y/o Twitter en Google+ (bit.ly/pRhzlI). Además incluye la opción de publicar automáticamente en Facebook toda novedad que compartas en Google+.

Google+Facebook

Esta extensión para Internet Explorer, Mozilla Firefox y Google Chrome añade una sección nueva a Google+ en la que se muestran las actualizaciones y línea de tiempo de tu cuenta Facebook (bit.ly/qPaX4z).

Google+Tweet

Esta extensión para Internet Explorer, Mozilla Firefox y Google Chrome añade una sección nueva a Google+ en la que se muestra la línea de tiempo de tu cuenta Twitter (bit.ly/nnYH6J).

Tweets +1

Esta extensión para Google Chrome añade el botón +1 a Twitter. De este modo, puedes votar +1 directamente en los *tweets* que más te gusten o interesen (bit.ly/kaEVuQ).

Google+ en WordPress

GoogleCards

Este *plug-in* añade un *widget* a tu *blog* que muestra una mini-ficha de tu perfil, un botón para que tus visitantes te añadan a sus círculos y el número de usuarios que ya lo han hecho (bit.ly/n2dHUd).

Widgets Plus

Es similar a GoogleCards, pero además ofrece estadísticas sobre el total de seguidores, los conseguidos en el último día o semana, las visitas generadas por el *widget*, etc. (bit.ly/pB9u7p).

Google+ Plus WordPress Widget

Este *plug-in* muestra en el *blog* un *widget* con las últimas publicaciones que hayas realizado en tu perfil (bit.ly/pdKom7).

Google Plus Widget

Este *widget* te permite añadir a tu *blog* una mini-ficha sobre tu perfil que además incluye un botón para que tus visitantes puedan añadir fácilmente a sus círculos. El *widget* incluye un botón +1 acompañado de contador (bit.ly/q2GEkl).

Integración con fuentes RSS

RSS share

Esta extensión para Google Chrome integra Google Reader en Google+. No sólo te permite la lectura de tus fuentes RSS, sino la posibilidad de compartir directamente sus contenidos más interesantes sin salir de Google+ (bit.ly/oBcpPJ).

Google+ User Feed

Este servicio web genera una fuente RSS que tendrá como contenido las publicaciones públicas realizadas por un usuario concreto (bit.ly/pRdtvD).

Para indicar el usuario del que deseas obtener una fuente RSS, visita su perfil en Google+ y copia el número largo que aparece en su dirección web. Cópialo en la caja de texto de Google+ User Feed y pulsa «Get the feed». La dirección web de la página generada es la que puedes usar como fuente RSS en cualquier agregador.

Lecturas aplazadas

En la sección «Inicio» o en tus búsquedas guardadas puedes encontrarte con novedades interesantes, pero quizá no tengas tiempo para leerlas en ese momento.

La solución es utilizar un método de lecturas aplazadas dentro del propio Google+. Para ello necesitas crear un círculo vacío al que puedes llamar «Leer después» y compartir con él las novedades cuya lectura quieras aplazar.

Cuando tengas tiempo suficiente, accede a las sección «Inicio» y selecciona el círculo «Leer después» en la navegación superior.

Monitorizar reputación en Google+

Un ejercicio importante para medir la reputación de un sitio web es monitorizar qué se dice de él en redes sociales.

Plus Hunt es un pequeño pero eficaz *bookmarklet* que lo hace posible. Para instalarlo, accede a rww.to/rry914, pincha el enlace «Plus hunt» y arrástralo a la barra de favoritos de tu navegador.

Sólo tendrás que pulsarlo cuando visites una página web para averiguar lo que se dice de sus contenidos en Google+.

Las publicaciones más populares

Google+ ofrece un listado de los contenidos más populares en plus.google.com/hot. Se trata de un listado basado en su actividad global.

Para obtener resultados más cercanos puedes instalar What's Hot+ (bit.ly/tbhD0s). Se trata de una extensión gratuita para Google Chrome que muestra las novedades más compartidas por tus círculos.

Estadísticas

La web Social Statistics (socialstatistics.com) ofrece gratuitamente un servicio de estadísticas para perfiles de Google+.

Una vez dado de alta, comenzarán a registrar tu actividad y te mostrarán datos sobre tu progresión en número de seguidores. En su web también puedes consultar el listado de usuarios y novedades más populares.

Personalizar URL

Las direcciones web de los perfiles de Google+ son largas y difíciles de recordar. Mientras Google soluciona este problema, hay un servicio llamado gplus.to (gplus.to) que permite acortar la URL de tu perfil.

Sólo necesitas indicar con qué nombre deseas identificar tu cuenta en la caja izquierda e insertar el número que aparece en la dirección web de tu perfil en Google+. El resultado es una dirección más corta y fácil de recordar del tipo gplus.to/*nombre*.

Google+ en dispositivos móviles

El uso de Google+ desde dispositivos móviles te permite.

- Compartir contenidos y seguir los que publican tus contactos, en cualquier momento y lugar.
- Compartir tu posición (geolocalización).
- Subir automáticamente fotos y vídeos a tu cuenta Google+.
- Comunicarte con tus contactos mediante mensajería instantánea (Messenger).

Aplicación nativa

Google+ está disponible gratuitamente como aplicación nativa para las siguientes plataformas:

- Android (2.1+). Descargable desde Play Store.
- iPhone / iPod Touch (iOS 4+). Descargable desde iTunes App Store.

Aplicación web

También es posible utilizar la versión web de Google+ para móviles y tabletas, accediendo a google.com/+ desde el navegador web de dispositivos Android (1.5+) o iPhone/ iPod Touch (iOS 3+).

La misma dirección ofrece una versión web básica de Google+ para BlackBerry (6.0+), Nokia/Symbian y Windows Mobile.

+Snippets y anotaciones

Los *snippets* son fragmentos de código que puedes incluir en tu sitio web. Su función es facilitar que tus contenidos sean compartidos en Google+.

Si un usuario visita una página web en la que has incluido un +*snippet*, se le muestra un botón +1 que al ser pulsado le muestra un panel con lo esencial de ese contenido y el interfaz para compartirlo con sus círculos.

Esa estructura esencial está compuesta por el título del contenido, una imagen relacionada y una breve descripción.

Un ejemplo de código de +*snippet*:

<body itemscope itemtype="http://schema.org/Article">

<h1 itemprop="name">Título o nombre del contenido</h1>

<img itemprop="image" src="thumbnail.jpg" />

<p itemprop="description">Breve descripción.</p>

</body>

Las anotaciones con formato «online» hacen que el botón +1 muestre a los usuarios cuáles de sus contactos han votado previamente tu web.

Para incluir en tus páginas web esta función, utiliza la herramienta de configuración del botón +1 (bit.ly/qXaZ5e), seleccionando la opción «Directa» en el desplegable «Anotación».

Sobre el autor

Miguel Sánchez Pérez es formador especializado en nuevas tecnologías. En la actualidad, además del curso asociado a este libro, imparte jornadas sobre últimas tendencias de Internet.

También es coautor del curso y libro *Horas extra para tu vida, no para tu trabajo* (cursoproductividad.com) dedicado a mejorar la productividad de profesionales de ámbito tecnológico.

miguelsanchez.com